エンパシー制約と
英語の相互動詞の用法

開拓社
言語・文化選書
105

エンパシー制約と英語の相互動詞の用法

千葉修司 著

開拓社

は し が き

　「エンパシー制約に見られる言語変化と語用論」というテーマで，英語の動詞 meet と日本語の動詞「出会う」に見られる特徴についての言語研究に乗り出した筆者は，2022 年までに得られた研究成果を不完全ながら千葉 (2022) の形で刊行することができた。ただし，その内容の大部分は，関連するデータ収集に基づく新しい言語事実の発掘に重点が置かれ，そのような言語事実の背後に潜む言語的特質を理論的に説明するという目標からはだいぶ離れていたと言わざるを得ない。事実，千葉 (2022) で取り扱っている言語データに基づく筆者の研究発表（たとえば，2022 年 1 月 23 日に行われた津田塾大学言語文化研究所所属の「英語の通時的および共時的研究の会」におけるオンライン講演）の席では，参加者の中から，「どうして，エンパシー制約に従わないような現象が，関係詞節や仮定法の場合に見られるのか」のような真っ当な質問が飛び出し，返答に窮するという苦い経験も味わっている。そのような質問に対する答えを見つけるべく，その後何ヶ月かの月日をさらなる研究に費やした結果，自分でも少しは納得できるような答えを見つけることができたように思い，今回，千葉 (2022) の続編ともいうべき本書の刊行を思い立った次第である。

　エンパシー (empathy) というのは，「話し手が文中で述べている出来事 (event) の中に登場する人物に対して示す共感度」(Kuno and Kaburaki (1977: 628)) のことで，エンパシー制約というのは，たとえば，I met Mary in Harvard Square today が自然な英語の文であるのに対し，I を meet の目的語の位置に置いた *Mary met me in Harvard Square today のような文が不自然な文となったり，

v

あるいは、She met a New York Times reporter と *A New York Times reporter met her の間にも同じような違いが見られるというような言語事実の背後に働いていると思われる語用論的制約のことである。エンパシー制約の研究は、主として Kuno and Kaburaki (1977)、Kuno (1987: Ch. 5)、久野・高見 (2017) などの機能文法あるいは機能的構文論の枠組みの中で、上記例文を含む幾つかの興味ある言語現象に説得力をもった説明を与えるべく、これまで精力的に進められてきている。

千葉 (2022) において、筆者は上記の先行研究を紹介・解説すると同時に、問題となっているエンパシー制約に従っていないと思われる言語事実が、少なくとも古い時代の用法の中には、英語および日本語の両言語において見られることを指摘した。さらに、現代英語においても、上に紹介した筆者の研究発表での参加者による質問内容からも推測されるように、関係詞節や仮定法節の場合には、エンパシー制約のしばりがないということも話題として取り上げたのであった。

そもそも、エンパシー制約は言語使用のどの段階でどのような働きをするのかという問題を、久野 (1978) の解説を基によくよく考えてみると、そこから自ずと見えてくることばの仕組みとして、問題のエンパシー制約は談話の流れをチェックする機能を持つが、関係詞節や仮定法節のような従属節の内部にまで立ち入ってチェックすることはないという性質に思い至ることになる。つまり、千葉 (2022) において、関係詞節や仮定法節の場合を、問題のエンパシー制約が働かない何か特別な場合のようにみなしていたのは誤りであり、これは、上に述べたような談話の流れをチェックする機能を持つエンパシー制約に見られる一般的性質、すなわち、チェック機能が従属節にまでは力が及ばないという性質、の表れの一つと見るのが望ましいということになる。

英語の動詞 meet の語用論的特徴を探っていくと，これまで指摘されていた，受け身文の持つ意味的制約には必ずしも合致しないような受け身用法の例に接することが少なくないという印象を受ける。そこで，千葉（2022）では，この話題についての考察もある程度行ってみたのであるが，残念ながら，この場合も記述的観点を十分脱却することができなかったように思う。そこで，本書では，「人に（偶然）出会う」の意味を表す meet の用法についての観察を深めるとともに，英語の場合には，受け身用法についてこれまで指摘されてきたような意味的制約に従わない用法，すなわち，少なくとも表面的には「機械的に受動化したような」受け身用法が見られるのではないか，というような見解も提示してみたい。また，そのような場合の英語の meet を用いた受け身文に接するときには，とかく，「会われる」や「出会われる」など不自然な日本語訳が，（日本語を母語とする）英語学習者の頭をよぎることになる。そのような英語学習者にとって，英語理解が正しく行われない可能性もあるように思われる。

　ただし，「機械的な受動化」と言っても，能動態の文と，それに対応する受動態の文とが，意味の上で同じ情報を表すわけではなく，そこには，おのずから受動態なりの微妙な意味の違い，あるいは，語用論的用法の違いが反映された受け身文になっているのではないかということも本文では解説したい。

　本書では，以上二つの話題を中心に考察した以下のような三つの章，すなわち，第 1 章「談話の流れをチェックするエンパシー制約──動詞「出会う」と meet の場合──」，第 2 章「英語の動詞 meet の受け身用法」および第 3 章「その他の相互動詞の場合」を主要部分とし，それに第 4 章として「データベース検索の落とし穴」を加えてある。この 4 つ目の章は，日頃，データーベース検索により多大の恩恵を被っている筆者ではあるが，時には，思わぬ落とし穴

にはまりそうなこともあるので，気をつけなければならないという自戒の念を込めて，筆者が味わった失敗談をエピソード風にまとめたものとなっている。

なお，第3章「その他の相互動詞の場合」は，千葉 (2022) で取り扱った英語の動詞 meet の用法に見られる特徴が，meet 以外の相互動詞（たとえば，Kuno and Kaburaki (1977: 640) のあげている encounter, run into, marry, date, resemble, look like などの動詞）の場合にも広くあてはまる一般的特徴なのかどうかの研究が望ましいという趣旨のコメントを中島平三氏からいただいたのに触発されて，その章を本書に含めたものである。その章において展開した考察ならびに事実観察により，相互動詞に見られる特徴の研究をさらに深めることができたように思う。中島氏のご助言に感謝したい。

本書の出版については，今回もまた原稿査読の段階から開拓社出版部の川田賢氏にいろいろお世話になった。氏に心より感謝申し上げたい。

2024 年 3 月

千葉 修司

目　　次

はしがき　*v*

第1章　談話の流れをチェックするエンパシー制約
　　　　—動詞「出会う」と meet の場合— …………………… *1*

1.1.　はじめに　*2*
1.2.　日本語古典に見る「修行者会ひたり」型表現　*4*
1.3.　エンパシー制約違反の見られる幾つかの場合　*6*
　1.3.1.　エンパシーの中心が第三者に置かれる場合　*6*
　　1.3.1.1.　英語の場合　*6*
　　1.3.1.2.　現代日本語の場合　*10*
　1.3.2.　エンパシー制約の及ばない文構造　*12*
　　1.3.2.1.　独立文を形成しない場合　*12*
　　1.3.2.2.　従属節を形成する場合　*15*
　1.3.3.　エンパシー制約の及ぶ範囲　*20*
1.4.　意味論的二元性とのかかわり　*24*
1.5.　非対格動詞としての meet　*29*
1.6.　「修行者会ひたり」はなぜ可能だったのか　*32*
1.7.　「修行者会ひたり」が廃れた理由　*35*
1.8.　古い時代の英語に見る「修行者会ひたり」型表現　*38*
1.9.　まとめ　*44*

第2章　英語の動詞 meet の受け身用法 ………………………… *45*

2.1.　はじめに　*46*
2.2.　be well met のもう一つの用法　*48*
2.3.　残る問題　*53*

x

2.4. 受け身表現 be met が許されない場合との比較　*60*

2.5. 受け身用法の許されるさらなる場合　*70*

2.6. 「名詞句＋過去分詞形 met」の解釈をめぐって　*81*

2.7. 受け身文の適格条件を見直す　*96*

2.8. 受け身表現 be met の文が英語学習者に与えるさらなる困難さ
123

2.9. まとめ　*126*

第3章　その他の相互動詞の場合 ……………………………………… *129*

3.1. はじめに　*130*

3.2. 動詞 encounter の場合　*130*

3.3. 動詞 run into の場合　*138*

3.4. 動詞 marry の場合　*142*

3.5. 動詞 date の場合　*146*

3.6. 動詞 resemble の場合　*147*

3.7. 動詞 look like の場合　*160*

3.8. 動詞 come across の場合　*162*

3.9. まとめ　*168*

第4章　データベース検索の落とし穴 ……………………………… *171*

4.1. はじめに　*172*

4.2. OED Online 検索に関して　*172*

4.3. COHA 検索に関して　*178*

4.4. まとめ　*181*

参考文献 ……………………………………………………………… *183*

索　引 ………………………………………………………………… *187*

第 1 章

談話の流れをチェックするエンパシー制約
―動詞「出会う」と meet の場合―

1.1. はじめに

　この章で取り上げるテーマは，Kuno and Kaburaki (1977)，Kuno (1987)，久野 (1978)，久野・高見 (2017) などで提案された「発話当事者の視点制約」および「談話主題の視点制約」を中心とする「エンパシー (empathy；共感度) 制約」についてである。「誰々と出会う」の意味の日本語動詞「会う」や 英語動詞 meet など「相互動詞 (reciprocal verb)」と呼ばれる動詞[1] の用法については，現代日本語や英語において，一般的にそのようなエンパシー制約の規制を受けることが知られている。この二つの制約は，久野・高見 (2017: 19ff.) によると，次のように定義されている。

(1) **発話当事者の視点制約**：話し手は，常に自分の視点を取らなければならず，自分より他人寄りの視点をとることができない。

(2) **談話主題の視点制約**：話し手は，談話にすでに登場している人物に近づける方が，談話に新しく登場する人物に視点を近づけるより容易である。

　また，「エンパシー」の概念については，Kuno and Kaburaki (1977: 628) が次のように説明している。

(3) エンパシーとは，話し手が文中で述べている出来事 (event) の中に登場する人物に対して示す共感度のことで，その程度はゼロから 1 までのさまざまな数値を取りうる。

---

[1] 「相互動詞」はまた「主語志向動詞 (subject-centered verb)」(Kuno and Kaburaki (1977: 640)) とも呼ばれ，meet や「会う」の他に encounter, run into, marry, date, resemble, look like（およびそれらに相当する日本語動詞）などが含まる。本書では，主として「相互動詞」を用いることとする。

さらに Kuno and Kaburaki (1977: 647f.) は，エンパシーには，ふつう次の (4a) のような階層関係（ハイアラーキー）が成り立つことを説明し，それを (4b) のように図示している。

(4) a. 話し手にとって，主語の指示対象にエンパシーを置くことが最も容易であり，ついで，目的語 … と続き，最後に，受け身文の by 句 (*by*-phrase) の中の位置を占める「行為者 (agent (ive))」としての指示対象にエンパシーを置くのはほとんど不可能に近い，というような順になる。

b. Subject ≥ Object ≥ … ≥ *By*-passive Agentive

ただし，一部エンパシー制約の対象とならないような場合があることについては，その一部を後ほど紹介するように，Kuno and Kaburaki (1977)，久野 (1978) などにおいてすでに指摘されている。千葉 (2022) において，筆者は新たな言語事実をいくつか加える形で，日本語の動詞「会う」およびそれに相当する英語の動詞 meet の用法について考察した。特に上記のエンパシー制約の対象とならないような場合について，筆者が新たに指摘した点は，以下のようなものである。

すなわち，現代日本語において，動詞「会う」が，句点 (。) を用いて書き表す「〜に会う。」「〜に会った。」のような言い切りの形にはなっていない用い方をした場合がその一つである。さらに，現代英語において，関係詞節や仮定法節・条件節の中に見られる meet の場合，あるいは，「発話当事者よりもむしろ談話の中で話題となっている第三者としての人物のほうにエンパシーの中心が置かれているような場合」にも，同じように，問題のエンパシー制約の対象とならないという事実が見られることになる。

ただし，千葉 (2022) における考察においては，これらの現象に

関し，日本語・英語の両言語に共通性が見られるという形での明確な提示はまだできていなかった。そこでこの章では，「発話当事者の視点制約」および「談話主題の視点制約」を免れる場合として，少なくとも，独立文または言い切りの形になっていない場合，および，第三者としての人物のほうにエンパシーの中心がある場合の二つがあり，これらは日英語に共通に見られる現象であることを明示したい。さらに，その理由についての考察をも加えることにより，千葉 (2022) におけるエンパシー研究の補いとしたい。なお，ここに取り上げる例文の多くのものは，千葉 (2022) の中に示したものの再録となっているが，それは，千葉 (2022) に接する機会のない読者にも，この章で取り上げる問題をより深く理解できるように願ってのことであるとご理解いただきたい。

1.2. 日本語古典に見る「修行者会ひたり」型表現

　下に例文 (5a) としてあげる日本語の古典『伊勢物語』第 9 段に用いられている下線部の「修行者会ひたり」型表現は，現代日本語においては，「（私たちは）修行者に出会った」のように，発話当事者を主語とし，談話の中に新たに登場する第三者としての人物を目的語（に相当する二格補語）とするような語順の表現で表すか，あるいは (5b) にあげる現代日本語訳にあるように，「誰々が（突如）姿を現す」のような表現にするのが普通である。

(5) a. ゆきゆきて，するがのくににいたりぬ。うつの山にいたりて，わがいらむとするみちは，いとくらうほそきに，つた，かへではしげり，物心ぼそく，すずろなるめを見ることと思ふに，<u>す行者，あひたり</u>。

b. そのまま進んで，やっと駿河の国に行き着いた。宇津

の山について，自分が分け入ろうとする道は，たいそう暗くて細い上に，ツタ，カエデはうっそうとしているし，なんだか心細く，深くも考えず京を飛び出して出てこんなつまらないめをみるとは，と思っていると，ひょっこり修行者が目の前に姿を現わした。

(森野宗明（校注・現代語訳）『伊勢物語』p. 126)

これは，現代日本語の動詞「出会う」（および，それに相当する現代英語の動詞 meet）は，上記のエンパシー制約に従った形で用いられるのが普通であるからである。

現代日本語および英語において，上記の「発話当事者の視点制約」に従った自然な文の例，および，そのような制約違反の見られる不自然な文の例については，次の日英語の例文を参照。

(6) a. 私は通りでスーザンと出会った。
    b. *スーザンが通りで私と出会った。

(7) a. I met Susan on the street.
    b. *Susan met me on the street.

いっぽう，「談話主題の視点制約」により説明できる現象として Kuno and Kaburaki (1977) があげている例の中には，下記例文 (8) のような不自然な文が含まれている。

(8) *An eight-foot-tall girl met John on the street.

(Kuno and Kaburaki (1977: 654))

1.3. エンパシー制約違反の見られる幾つかの場合

1.3.1. エンパシーの中心が第三者に置かれる場合

1.3.1.1. 英語の場合

　日本語古典から現代英語までの言語事実を基に，エンパシー制約に見られる言語変化と語用論を扱っている千葉（2022）において，筆者は，日本語の「修行者会ひたり」に相当する英語の表現が（中英語以降の）比較的古い時代の英語においても用いられていたことを指摘するとともに，現代英語において，上記「発話当事者の視点制約」や「談話主題の視点制約」を免れるような場合があるという事実についても触れている。

　「発話当事者の視点制約」を免れている場合の一つとして，千葉（2022: 118ff.）が下記例文（9a-g）をあげて指摘しているのは，発話当事者よりもむしろ談話の中で話題となっている第三者としての人物のほうにエンパシーの中心が置かれているような場合のことで，各例文の下線部がそれに該当する。例文の出典情報としてNOW, COHA, BNC とあるのは，それぞれデータコーパスの News on the Web, Corpus of Historical American English, British National Corpus の略である。以下同じ。

(9) a. No doctor would believe my symptoms.　My own most intimate friends would only look upon it as a sign of brain derangement. [...] Oh, that devilish woman! [...] She met me in the High Street yesterday evening and spoke to me. It was as well for her, perhaps, that it was not between the hedges of a lonely country road.

(Arthur Conan Doyle, *The Parasite*, 1894; NOW)

第1章　談話の流れをチェックするエンパシー制約　　7

（どの医者も私の症状を信じないだろう。最も仲の良い友人
だって，それを脳障害の一つの兆候としか思わないであろう。
[…] ちくしょう，あの悪魔のような女め！ [...] 昨日の夕方，
ハイストリートで彼女に出会ったとき，彼女は私に語りかけ
てきた。そこがどこか寂しい田舎道の生垣に挟まれたところ
でなかったことが，おそらく彼女にとっても好都合だったの
である）

b. She's the tops, Johnny. You've never seen anything
   like her. From the minute she met me, she acted as
   though she'd known me all her life.

   (*Broadway Melody of 1940*, 1940; COHA)

（彼女は最高よ，ジョニー。彼女のような人には会ったこと
がないと思うよ。彼女は私に始めて会った瞬間から，まるでこ
れまでずっと私と面識があったかのように振る舞ったの）

c. I was stationed in West End Central, which was a bit
   of an eye-opener. That's where I met my husband,
   who was also a police constable: he likes to say he
   met me walking the streets of Soho.

   (*Church Times*, 17 July 2020; NOW)

（私はウェストエンドセントラル署に配属となったんだけど，
それが私にとってちょっとばかり驚くべき経験へとつながっ
たの。同じく警官だった私の夫に私が初めて会ったのはそこ
でだったの。彼は「ソーホーの通りを歩いている君に出会っ
たね」と言うのが，いつものお好みなのよ）

d. "They spoke to me like they had known me for
   years, even though they had just met me," she says,
   adding the comfort of home was reassuring even in
   the toughest moments. (*The Christian Science Monitor*

Online, 17 June 2020; NOW)

（「彼らは，私に今し方会ったばかりなのに，まるで長年私と知り合いだったかのように私に話しかけたの」と彼女は言い，「もっとも大変なときでさえ，家庭の安らぎにより元気付けられたわ」との言葉を添えた）

e. Mr. Grayle stood up and said he was very glad <u>to have met me</u> and that he would go and lie down for a while. He didn't feel very well. (Raymond Chandler, *Farewell, My Lovely*, 1940; COHA)

（グレイル氏は立ち上がり，「お会いできて，とてもよかった。失礼して，しばらく横にならせてもらうよ」と言った。彼は体の具合があまりよくなかったのである）

f. "Then one day, he sat me down, started crying and told me he used to be involved with Nazi groups. He said before <u>he'd met me</u> he wouldn't have wanted to marry a non-white person because he'd thought— quote—'mixed race children were impure'." Hannah broke up with him shortly after.

(*Vice*, 28 July 2020; Google Books)

（「するとある日のこと，彼は私を座らせると泣き出して，彼は以前ナチのグループと交わっていたことを私に語ってくれた。彼が私に会う以前は，白人以外の人と結婚したいなどとは思ったりしなかっただろうと言った。そのわけは，彼自身の言葉を引用すると，『混血の子どもなんて不潔だ』と思っていたからである。」その後間も無く，ハンナは彼と別れた）

g. SACHIN WAS ALL SET, living the single life in his little two-bedroom place in Green Lake. He figured he'd found "his forever bachelor home," says Anna—

第 1 章　談話の流れをチェックするエンパシー制約　　9

"and then he met me.　We had been living together
and dating, but …."

(*Pacific NW Magazine*, 30 May 2020; NOW)

(サチンは，グリーンレイクの寝室二つの小さな家で独身生活
を始めることにより，すっかり準備が整った。これで，「いつ
までも独身でいられる自分の家」を手に入れたと彼は思った
んだわとアンナは語る。「その後，彼は私と知り合ったの。私
たちは一緒に住んでデートしたけど …」)

　これらの例文の持つ特徴について，千葉 (2022: 122) は以下の
ような説明を加えている。

　　　これらの例文は，meet の主語として第三者が選ばれ，目的
　　　語が me / us の表現形式をとっているので，一見，「話し手
　　　は，常に自分の視点をとらなければならず，自分よりも他人
　　　寄りの視点をとることができない」とする「発話当事者の視
　　　点制約」(2.2 節参照)[2] に違反しているように見えるが，そ
　　　の主語が談話にすでに登場している人物の場合，特に，上に
　　　述べたように，その人物にエンパシーの中心が置かれている
　　　ような場合には，「発話当事者の視点制約」にもかかわらず，
　　　その人物がエンパシー階層[3] の最上位の位置を占めることへ
　　　の抵抗が少なくなる，というように解釈することができるの
　　　ではないだろうか。

---

　[2] ここに「(2.2 節参照)」とあるのは，「千葉 (2022) の 2.2 節を参照」の意味
である。本書の場合には，「1.1 節参照」ということになる。

　[3] 1.1 節の (4a, b) 参照。

1.3.1.2. 現代日本語の場合

千葉 (2022) 執筆時点において筆者は，上で 取り上げたような英語の現象が現代日本語に関しても見られるということについては，うかつにも気がついていなかった。というのは，久野 (1978: 168f.) が指摘していた次のような事実を見落としていたからであった。すなわち，久野は次のように説明している。

> これらの動詞 [すなわち，相互動詞のことであり，その中には「〜と結婚する」も含まれている（千葉）] は，例え一つの視点的制約に違反していても，他の視点的制約を充たしていれば，自然な文ができる。例えば次の談話を参照されたい。

> (11)　花子ハ前ノ夫ト昭和三十年ニ離婚シタ。彼女ガ僕ト結婚シタノハソノ二年後ダ。

> (11) の第一文は，花子に就いての記述である。花子の主題性は，第二文にも引き継がれている。第二文で，「結婚シタ」という主語寄りの視点を要求する筈の動詞が，「花子」を主語，「僕」を目的語としているにもかかわらずこの文が極めて自然であるのは，「花子」の主題性が，「発話当事者の視点ハイアラーキー」[=「発話当事者の視点制約」（千葉）] の違反の穴埋めをしているからだと思われる。この穴埋めは，「結婚スル」の様に視点性の余り強くない動詞にのみ許される。[4]

---

[4] この引用箇所の後半部の，「第二文で，『結婚シタ』という<u>主語寄りの視点を要求する筈の動詞</u>」（下線は筆者）の部分で，久野が「主語寄り」言っているのは，ここでは，発話当事者としての「一人称主語寄り」の意味であろう。日本語の授与動詞「くれる」など視点性の強い動詞の場合には，ここで問題としている「穴埋め」が許されないということについて詳しくは，久野 (1978: 168) 参照。

第1章　談話の流れをチェックするエンパシー制約　　11

　上記引用箇所において，久野が「『花子』の主題性が，『発話当事者の視点ハイアラーキー』の違反の穴埋めをしている」と捉えているのは，本書1.3.1.1節の最後の部分に示した千葉（2022: 112）からの引用箇所に見られる捉え方と同じような趣旨のものの見方になっているように思われる。すなわち，「その人物にエンパシーの中心が置かれているような場合には，『発話当事者の視点制約』にもかかわらず，その人物がエンパシー階層の最上位の位置を占めることへの抵抗が少なくなる」という説明である。このように，「出会う」や meet は，上で説明した言語事実から推測されるように，「穴埋め」が効く動詞であるということになる。すなわち，これらの動詞は，「結婚する」と同じように「視点性の余り強くない」動詞に分類されることになるであろう（久野（1978: 167f.）参照）。

　上で取り上げた例文（9a-g）および上に示した久野（1978: 168f.）からの引用箇所の中の例文（11）は，いずれも，エンパシー制約に違反する部分があるものの，それを「穴埋めする」に値するような，エンパシー制約遵守の特徴が別に見られるという性質を持った文であると言えるであろう。このことを理解するのに役立つこととして Kuno（1987）が提示している英語の興味ある事実があるので，ここに紹介しておきたい。

　Kuno（1987: 213ff.）は，エンパシー制約を意図的に破っているように見えるが，実際は，意図的制約違反は見られず，むしろ，非意図的に自然に生ずる表現形態に従った，道理にかなった文であると言えるような文の例として，以下のような Speakers A, B による対話の例をあげている。

(10)　Speaker A:　　I met you at the Smiths' before.
　　　Speaker B: a.　You met me where?
　　　　　　　　 b. *I met you where?

12

(11) Speaker A:　　　Have I met you somewhere before?

　　　Speaker B: a.　Yes, you met me at the party last night.

　　　　　　　　 b.??Yes, I met you at the party last night.

(12) Speaker A:　　　John was telling me yesterday that he
　　　　　　　　　　 hadn't met you before.

　　　Speaker B: a.　He met me at the party last night.

　　　　　　　　 b.??I met him at the party last night.

　これらの対話は，それぞれ「問い返し疑問 (parrot question)」，「同じ型の文 (the same sentence pattern)」，「相手の言ったことに修正を加える形の文 (corrective sentence)」の例となっていて，いずれも「非意図的に自然に生ずる表現形態に従った，道理にかなった文」ということになる。なお，このように，非意図的なエンパシー制約違反の場合は許されるということについては，次に示す「談話法規則違反のペナルティー」（久野 (1978: 171)）を参照。

(13)　談話法規則に意図的に違反したときには，特殊な文（多くの場合，不適格文）が生じるが，非意図的に違反した場合には，そのようなペナルティーがない。

1.3.2.　エンパシー制約の及ばない文構造
1.3.2.1.　独立文を形成しない場合

　次に取り上げるのは，一見エンパシー制約違反に見える部分を持つような文でありながら，実は，エンパシー制約の対象にはならない種類の文であると結論づけることのできるような別の種類の文についてである。すなわち，文構造の上でエンパシー制約の及ばない部分があるのではないかということについて考察を深めることにより，そのような結論を導くことができると思われる。

　まず，久野のあげている上記日本語の例文 (11) をもう一度観察

することから議論を始めよう。すなわち，例文 (11) の第二文の
「彼女ガ僕ト結婚シタ」の部分は，たまたまであろうか，独立した
文の形ではなく，第二文全体の主語節の一部として嵌め込まれた形
の表現となっていることに注意したい。というのも，千葉 (2022:
6) は古典の『伊勢物語』に見るような「修行者会ひたり」型表現が，
現代日本語においても許される場合があり，その一つが，次のよう
な「独立した言い切りの形の文ではなく，何らかの埋め込み文とし
ての表現となっている場合」であるということを指摘しているから
である。

(14) a. 彼が私に会ったのは，あのときが最初ではない。

b. そのとき彼が私に会う決心をしたのだった。

c. あのとき彼が私に会ったとしても，事情は変わらなかっ
たと思います。

d. あなたは，彼/修行者が私に会った場面を想像できます
か。

e. 山道で修行者が私に会ったとしたら，その後どうなる
と思いますか。

このことに筆者が最初気づいたのは，千葉 (2022: 5f.) において
指摘したように，現代日本語において，偶然人に出会ったようなと
きにでも，「誰々がこちらに会った」のような言い方ができる場合
があるとして，小松 (2010: 178) が次のような例をあげているの
に触発されてのことであった。

(15) あのとき彼がわたしに会ったのは，神の思し召しだった。

同じように，「言い切りの形」になっていない場合の例として，
次のようなものを付け加えることができるであろう。

(16) a. 彼が僕にあのとき出会ったことをあいつ忘れているん
じゃないだろうか。

b. スーザンが昨日道で私に出会ったなんて，でたらめで
すよ。

c. それとも，彼女は本当に私に出会ったと思っているの
だろうか。

d. 道で私に出会うのを避けようとして，山田はわざと遠
回りをしたに違いない。

　ただし，上にあげた (14)–(16) のような例文の場合は，久野が
上記引用箇所にある日本語の例文 (11) をあげて説明しているよう
な状況とは異なる場面を表す表現となっていることに注意したい。
すなわち，(14)–(16) の例は，動詞「出会う」が言い切りの形に
なっていない場合，あるいは独立文の形になっていない場合には，
問題のエンパシー制約を免れたような自然な文が生み出されるとい
うことを示唆するようなものとなっている。それに対して，久野の
場合には，「例え一つの視点的制約に違反していても，他の視点的
制約を充たしていれば，自然な文ができる」ということを示すため
の例文となっている。そのように，説明しようとしている事柄が異
なるにもかかわらず，久野のあげている例文 (11) の「彼女ガ僕ト
結婚シタ」の部分は，たまたまであろうか，独立文の形をとってい
ないという点で，上記例文 (14)–(16) のような場合の例の一つと
してみなされる可能性がある。

　そこで，そのような可能性を避けるために，(11) の第二文を「そ
の二年後ニ彼女ハ僕ト結婚シタ。」のような言い切りの形の表現に
変えてみたらどうであろうか。その結果，この文もまた自然な文と
なることがわかるので，このように修正した例文を基に，上記久野
の説明，すなわち，「例え一つの視点的制約に違反していても，他

の視点的制約を充たしていれば，自然な文ができる」は依然として成り立つということになるであろう。つまり，(11) の例文が，千葉 (2022) の指摘している「言い切りの形になっていない場合」あるいは「独立文ではない場合」の例とみなすこともできるというのは，やはり偶然のことであろう。

　ところで，久野の日本語例文 (11) の第二文について，上で一応吟味したようなことは，上に取り上げた現代英語の例文 (9a-g) については必要ないであろうか。すなわち，(9a-g) の例文の場合も，問題の箇所が従属節の一部となっているためにエンパシー制約の対象とならない，というような別途説明ができるという可能性はないであろうか。実は，そのような可能性が考えられるので，この場合にも，同じような吟味がやはり必要であると思われる。それはどうしてかを次の節で考えてみたい。

1.3.2.2.　従属節を形成する場合

　上で最後に取り上げた問題に対する答えが「やはり必要である」となる理由は，千葉 (2022: 126ff.) が指摘しているように，現代英語の関係詞節や仮定法節あるいは条件節の中では，問題のエンパシー制約が回避されるという事実があるからである。千葉のあげている例文の中からいくつかを下に再録してみよう。例文 (17a, b)，(18a, b) は，それぞれ，関係詞節および仮定法節 / 条件節の場合の例である。ただし，(18b) では，動詞 meet の目的語が発話当事者 (me, us) ではなく，物語の主人公を表す him となっているので，厳密には，この例文は，「発話当事者の視点制約」ではなく，「談話主題の視点制約」にかかわる例であることになる。(例文 (17a) の出典情報として COCA とあるのは，データコーパスの Corpus of Contemporary American English の略である。以下同じ。)

(17) a. "The biggest thing about it honestly is that people who meet me, remember they met me," Carter said. "They remember my name."

   (*Atlanta Journal Constitution*, 9 May 2010; COCA)

   (カーターは言った,「正直言って,そのことに関し一番大事なことは,私に出会う人たちが,私に会ったことを覚えているということです」と。「私の名前を覚えているのです」)

   b. It was a drizzly May afternoon in 2017, 20 years since I graduated, and I was there to attend the college's queer alumni reception. Yet suddenly, I felt unprepared to see people who had never met me as a woman. (*USA Today*, 1 June 2020; NOW)

   (それは,私が卒業して 20 年後の 2017 年 5 月の,霧雨の降るある日の午後のことであった。私は大学の同窓生クイア仲間のレセプションに出席するためにそこにいた。しかしながら,突然,私は女性としての私には会ったことのない人たちに会う心の準備ができていないような気がした)

(18) a. Corbett smiled. Remember, people see what they think they should see. "But what would have happened if someone had met me?"

   (P. C. Doherty. *The Prince of Darkness*, 1992; BNC)

   (コーベットはほほえんだ。覚えておくがいい,人は,確かこう見えるはずだと思うとおりに,ものが見えてくるものなのだ。「でも,もし誰かが実際私に出会っていたとしたなら,どうなっていたことでしょう」)

   b. This man would be delightful if one met him in a wagon-restaurant and got into conversation.

   (H. Nicolson, *Letter*, 1938; OED Online)

第1章　談話の流れをチェックするエンパシー制約　　17

（この男は，もし食堂車の中で人に会っておしゃべりができる
ならば，きっと喜ぶことであろう）

　上に取り上げた関係詞節および仮定法節/条件節の場合をさらに
一般化して，「ある種の従属節の形，あるいは埋め込み文の形で用
いられたような場合には，問題のエンパシー制約の対象とはならな
い」というふうにまとめることができるとするならば，上で取り上
げた例文 (9a-g) の中にも，それに該当する例 (9b-f) が含まれて
いることになるので，やはり，同じように注意が必要だと言えるで
あろう。ただし，例文 (9a-g) の中には，幸いにも，例文 (9a)，
(9g) のように，問題の表現が独立文（ないし，等位構造の一つの
等位項をなす文）の形で表れている例が含まれているので，そのよ
うな例を基に，そこにあげたような趣旨の説明が依然成り立つとい
うことになるであろう。すなわち，「発話当事者よりもむしろ談話
の中で話題となっている第三者としての人物のほうにエンパシーの
中心が置かれているような場合は，発話当事者の視点制約を免れる
ことができる」というような筆者の説明である。

　なお，従属節の形で表れる NP meet me 型表現が許される例と
して，次のような動名詞や現在分詞の場合を加えることができる。
ただし，これらの例文では，主語の NP は（少なくとも局所的に
は）明示されない形になっている（例文はいずれも OED Online の
Advanced search による）。

(19) a. He said … that he was looking forward to meeting
me.　　　　　(M. Roffey, *With Kisses of his Mouth*, 2011)
（私に会うのが待ち遠しいと彼は言った）

　　 b. Professor Longfellow, meeting me on the campus the
next day, said: 'Hamlin, that was the best oration I
ever heard from lips studential.'

(C. Hamlin, *My Life & Times*, vi.124, 1893)

（翌日，大学構内で私に出会うと，ロングフェロー教授は次のように言った。「ハムリン，あの君の演説は，私が今までに聞いた学生による演説の中で最高のものだったよ」）

c. Generally the tally-ho party <u>meeting us</u> would observe our rustic equipage with wonder for a moment.

(*Youth's Companion*, 1892)

（通常，私たちの馬車に出会う高速駅馬車「タリホー」に乗った一行は，ちょっとの間，私たちの田舎じみた馬車の装備を不思議そうに眺めるのであった）

　以上をまとめると，日本語と英語の両方において，「発話当事者の視点制約」の対象とならない場合として，少なくとも，第三者の人物が（発話当事者以上に）談話の主題性をおびているとみなされる場合，および独立文的形式をとらない場合の二つの場合を指摘することができるということになる。すなわち，このような場合には，『伊勢物語』に見る「修行者会ひたり」に相当する表現が現代日英語の両方において許されると言える。

　この二つの場合のうち前者については，物語の主人公としての第三者のほうが，エンパシーハイアラーキー（(4a, b) 参照）の上で，（発話当事者を含む）他の人物以上に上位の位置を占めるに足るような状況が示されていると言えるであろう。つまり，問題となっている制約違反を穴埋めする条件が整っていると考えられる。それでは，後者の場合，すなわち，独立文的形式を持たない場合も，問題のエンパシー制約の対象にならないのはどうしてだろうか。

　この問題を次節で取り上げる前に，ここで補足したいことがあるので，それを以下に付記しておきたい。すなわち，千葉 (2022: 120, fn. 9) において指摘したように，Kuno and Kaburaki (1977:

第1章　談話の流れをチェックするエンパシー制約　　19

661) は，下記 (20a) のような文が不自然な文であるのに対して，
(20b) のような文が許される理由として，それが (20c) のような
直接話法の文に由来するからであると説明している。

(20)　a.　*He met me on the street.

　　　b.　John told me that he had met me on the street.

　　　c.　[John told me, ["I met you on the street."]]

ただし，このように，直接話法の文に置き換えることにより，問
題のエンパシー違反に該当しないことを示すことができるというよ
うな説明の可能な場合は，一般的に，上でまとめたような「独立文
的形式をとらない場合」の一つとみなすことができると思われる。
さらに，この種の文は，問題のエンパシー制約の対象とならないも
う一つの場合，すなわち，「第三者の人物が（発話当事者以上に）
談話の主題性をおびているとみなされる場合」の条件をも満たした
例とみなすことができるかもしれない。同種の例として，次のよう
な例文 (21)（上記例文 (9f) の再録）を加えることができるであろう。

(21)　"Then one day, he sat me down, started crying and told
　　　me he used to be involved with Nazi groups. He said
　　　before he'd met me he wouldn't have wanted to marry a
　　　non-white person because he'd thought—quote—'mixed
　　　race children were impure'." Hannah broke up with him
　　　shortly after.

　　　　　　　　　　　　　　　(*Vice*, 28 July 2020; Google Books)

（「するとある日のこと，彼は私を座らせると泣き出して，彼は以
前ナチのグループと交わっていたことを私に語ってくれました。
彼が私に会う以前は，白人以外の人と結婚したいなどとは思った
りしなかっただろうと言いました。そのわけは，彼自身の言葉を

引用すると，『混血の子どもなんて不潔だ』と思っていたからで
ある。」その後間も無く，ハンナは彼と別れた）

1.3.3. エンパシー制約の及ぶ範囲

　上で提起した問題，すなわち，独立文的形式を持たない場合も，
問題のエンパシー制約の対象にならないのはどうしてかに対して
は，次のような答えを提示することができるであろう。すなわち，
「エンパシー制約は，先行文脈との直接のつながりを持つ独立文ま
たは主節の部分にだけその機能が及び，埋め込み構造の内部にまで
は及ばないという特徴がみられるから」を提示することができる。

　英語の動詞 meet および日本語の動詞「出会う」に代表される相
互動詞は，それが持つ意味的特質の表れとして，文の生成過程のあ
る段階において，主語の位置が空（ゼロ）で，目的語としての補部
をとるという構造，すなわち，[meet [NP, NP]] のような非対格的
構造を形成したのち，目的語を構成する二つの NP のうちいずれ
か一方の NP を主語の位置に引き上げることにより，表層文とし
ての NP meet NP のような姿の文（ないし，それに相当する日本
語表現）が生成されると考えることができるであろう。[5]

　このような分析は，次のような二つのアイデアに基づいている。

---

　[5] 相互動詞の表層上の主語位置を占める名詞句は，動詞によっては下記例文
(i) に見るように，三つ以上の名詞句からなることもあるので，[NP, NP] では
なく，本文のすぐ下に登場する（複合名詞句あるいは句接続名詞句を表す）NP*
の記号で示すこともある (Lakoff and Peters (1969: 114) 参照）。ここでは，典
型的な場合として，[NP, NP] の場合を想定していることになる。

　(i)　John, Bill, and Harry met in Vienna.

(Lakoff and Peters (1969: 114))

　主語位置に NP を移動させるときには，[NP, NP] の両方の NP を移動させる
ことも可能で，その場合は，[NP and NP] ように and を伴った形で主語位置に
移動した結果，Susan and John met. のような文が生成されることになる。

第 1 章　談話の流れをチェックするエンパシー制約　　21

まず，久野（1973: 69）が説明しているように，「出会う」の意味の
meet は「深層構造で主語に and で接続された複合名詞句 NP*（句
接続の名詞句）をとらなければならない」という特質を持った動詞
の一つであるとする分析を取り入れている（ただし，複合名詞句
NP* が接続詞 and とともに現れるかどうかは，表層的な事柄と考
えられるので，ここでは，and のない [NP, NP] がまず選ばれると
捉えている）。さらに，このアイデアに Perlmutter（1978）の提案
による非対格動詞の分析が付け加えられた形となっている。すなわ
ち，「出会う」の意味の動詞 meet には，まず（自動詞の一つであ
る）非対格動詞として出発し，上に説明したように，表層構造の段
階で他動詞的姿をとるに至るというような生成過程が見られると考
えることになる。なお，「出会う」の意味の meet が非対格動詞の
一つであると考える理由については，後ほど 1.5 節で提示すること
になる。[6]

　NP meet NP の姿をした文のおおまかな生成過程を上のように
考えた場合，いずれの NP が主語位置を占めるかの選択は，談話
の流れの中で自然な言語表現を生み出すことを要求するエンパシー
制約に従った形で行われることになる。ただし，エンパシー制約の
対象となる部分は，独立文そのものか，あるいは，埋め込み構造を
持った文の場合はその主節をなす部分か，のいずれかに限られると
いうことが考えられるであろう。すなわち，上述のような談話的
チェック機能を持つエンパシー制約が，埋め込み構造の内部にまで

---

　[6] このように，動詞 meet の基本的性質は自動詞的なものであり，他動詞のよ
うに振る舞うことがあるのは，あくまでも表面的な姿であるように思われる。他
動詞と言っても，この場合は，他動詞性（transitivity）（3.6 節参照）の強い普通
の他動詞の場合とは区別されることになる。すなわち，Fillmore（1970: 268）
の言うように，meet の場合，「自動詞と他動詞とで二つの異なる動詞 meet があ
るとは考えない」という捉え方をしていることになる。

浸透する形で力を及ぼすことはないということになる。

したがって、このことから、上で見た日本語の例文 (14)–(16) および英語の例文 (17)–(19) ように、一般的に、埋め込み構造の内部を形成するような「修行者会ひたり」型表現の場合には、問題のエンパシー制約の対象から外れることになり、その結果、そのまま自然な表現として受け入れられるものと説明できることになる。[7]

ところで、上にまとめたような現象、すなわち、埋め込み構造の内部を形成しているような「修行者会ひたり」型表現の場合は、問題のエンパシー制約の対象から外れるという現象、と類似しているように思われる現象が存在することを指摘することができる。それは「心理文」と呼ばれる日本語の文、すなわち、人の心理状態や感情を表す、「私は悲しい／淋しい／うれしい」のような文について見られる現象である。

まず、高見・久野 (2014: 242f.) は心理文の特徴を次のように説明している（例文中の下線は原著者）。

> 日本語の心理文は、次に示すように、一般に、一人称主語の場合に限り適格であると言われている（疑問文では、主語は二人称になる。モネイン (1984)、神尾 (1990) 等参照）。

> (135) a. 私は淋しい。
>
> b. *君は淋しい。(cf. 君は淋しそうだ。)
>
> c. *太郎は淋しい。(cf. 太郎は淋しいようだ。)
>
> d. 君は淋しいの？

---

[7] 1.3.1.1 節の英語の例文 (9b-f) の場合は、「発話当事者よりもむしろ談話の中で話題となっている第三者としての人物のほうにエンパシーの中心が置かれているような場合」の例であると同時に、埋め込み構造の内部を形成する用い方をしている例としてもみなすことができるかもしれない。すなわち、エンパシー制約を免れる上記二つの条件をともに満たしている例と言えるかもしれない。

「淋しい」というような，人の心理状態，感情を表わす表現は，一人称主語の (135a) だと適格であるが，二人称主語，三人称主語の (135b, c) だと不適格である（二人称主語で疑問文の (135d) は適格である）。

このような特徴を持つ心理文について，高見・久野 (2014: 260) はさらに次のような解説を注の形で加えている（下線は原著者）。

心理文が埋め込み文として用いられると，次のように，三人称主語が許される。

(i)　「花子が淋しい」のは，旦那が死んだからではなく，愛犬が行方不明だからだ。

(i) は，(135c)［＝＊太郎は淋しい］のような主文とは異なり，適格である。その理由は，(i) では，「花子が淋しい」という心理文が，話し手の伝達したい命題（つまり新情報）ではなく，すでに誰でもが知っている事実（つまり，旧情報）として述べられているためだと考えられる。

以上の説明から明らかなように，独立文として提示される場合の心理文の主語は，発話当事者と同じ一人称主語を持たなければならないのに対し，心理文が埋め込み文として用いられている場合は，三人称主語が許されるということである。これはちょうど，私たちが上で「修行者会ひたり」型表現の用法について観察した現象，すなわち，埋め込み文の形をとるときは，問題のエンパシー制約の対象から外れるという現象，と類似していると言えるのではないであろうか。ただし，高見・久野 (2014) の説明にあるような，「新・旧情報」の概念を「修行者会ひたり」型表現の場合にも厳密に当てはめて説明できるかどうかの問題は，ここで吟味する余裕はないので，稿をあらためて検討することとしたい。

1.4. 意味論的二元性とのかかわり

ここで，前の節の前半部で取り上げた，英語の動詞 meet および日本語の動詞「出会う」からなる文の生成過程の話題に話を戻すことにしたい。すなわち，そのような文の生成過程において，上述のように，主語位置への要素の移動 (displacement) が問題のエンパシー制約とかかわるということは，チョムスキーの言う「意味論的二元性 (duality of semantics, duality of semantic interpretation)」に関係していると思われる。すなわち，意味的情報は二つの部分から構成される。その一つは，外的併合 (external MERGE) により作りだされる項構造 (argument structure) に基づく意味情報で，これには，意味役割 (θ role) から得られる情報や，機能的要素 (functional categories: e.g. C, T, v) の補部 (complements) から得られる情報が含まれる。もう一方の意味情報は，談話・文脈や情報に関連したことや作用域に関連したことなど，項構造以外の部分（これらは「端特性 (edge properties)」と呼ばれることがある）とのかかわりから得られる意味情報が含まれ，この種の情報は内的併合 (internal MERGE) を通して生み出される意味情報であると考えられる (Chomsky (2005: 13f.; 2020: 43f.; 2021: 17f.)，チョムスキー (2015: 306f.) 参照)。

したがって，問題の主語名詞句について，それが動詞 meet および「出会う」の主語としてふさわしいかどうかが，問題のエンパシー制約の持つチェック機能を経て決まるということは，上記の意味論的二元性のうち，後者の種類の意味情報ならびに意味解釈にかかわる事柄であると理解できる。以前の生成文法研究において，前者の種類の意味情報が「深層解釈 (deep interpretation)」と呼ばれていたのに対し，後者のほうは「表層解釈 (surface interpretation)」と呼ばれていたものに相当するということをチョムスキー

(2015: 306) は指摘している。また，上記例文 (7b) *Susan met me on the street. や (8) *An eight-foot-tall girl met John on the street. のように，エンパシー制約との観点から不自然な文とみなされる文は，統語的観点から見て文法性に問題があるということではなく，たとえ文法的な文ではあっても，エンパシーの上で語用論的に問題のある文であるとみなされる性質を持っている (Kuno and Kaburaki (1977: 627, fn. 1) 参照)。このことからも，問題のエンパシー制約にかかわる意味情報は，（一般的に厳密な文法的規制を生み出す）文法内部のメカニズムから得られるものではなく，むしろ，文法の外側との関係を考慮することから得られる意味情報であると考えられる。また，Chomsky (1977: 3; 1980: 59, 224f.) の言うように，言語的知識 (linguistic knowledge) を「文法的言語能力 (grammatical competence)」と「語用論的言語能力 (pragmatic competence)」の二つに分けるとすれば，ここで問題にしているエンパシー制約は後者に属する言語的知識であると言えるであろう。[8]

上で，問題のエンパシー制約が持つ文法体系内での位置付けについて概略を述べてみたが，この問題を考えるときに役立つと思われる解説を久野 (1978) の第 3 章：「談話法規則と文法理論」において見出すことができるので，その一部をここに取り上げてみたい。

久野はエンパシー制約を含む談話法規則全般が文法体系の中で占める位置付けについて，まず，次のように述べている。「[久野 (1978) の中で（千葉）] 今迄取り扱って来た談話法規則は，もし，

---

[8] 久野 (1978: 315) が，聞き手と第三者との間に見られる共感度関係（優位関係）について，「諸言語の文化的背景によって，ヴァリエィションがあることが予想される」と述べていることからもわかるように，エンパシー制約による規制が働くかどうかは，文法以外の事柄にも左右されることがあるということに注意したい。したがって，文法内部に働くメカニズムの一部としてこれを捉えようとすることには，問題の性質上無理があるということになるであろう。

26

それらが正しければ，どんな文法理論の中にも取り入れられなければならない種類のものである。理論が異なれば，取り入れられ方も当然異なる。又，一つの考えられた理論のワク内でも，談話法規則を取り入れる方法は，無数にあり得る」(p. 302)。さらに，「本書の分析の基盤をなしているのは，［1970 年代当時の（千葉）］変換文法理論である」(p. 302) と断った上で，談話法規則はその理論の「談話部門」に属するということを説明している。その説明の一部を下に引用してみよう。

> 談話部門は，変換部門を経て生成された表層構造をふるいにかける部門である。この部門は，それぞれの表層構造が，談話法規則の違反を犯しているかどうかをチェックし，もし違反があれば，その旨，その構造をマークする。但し，[...] このチェックは，表層構造だけをその対象とするのではない。間接話法節の中に現われる視点表現のチェックのためには，その表層構造が生成された過程を，深層構造にさかのぼって，調べなければならない。又，[...] 与えられた表層構造が，談話法制約を犯している場合，その違反が，適用する必要のなかった規則を適用することによって生じた意図的違反であるか，構文法的理由によって，ひとりでに生じてしまった非意図的違反であるかを識別しなければならない。このためには，その表層構造生成の全過程を調べる必要がある。(p. 306)

（上記引用箇所において，間接話法節云々の部分については，1.3.2.2 節参照。また，意図的違反か非意図的違反かの違いを問題にしている部分については，1.3.1.2 節参照。）

　なお，談話部門に含まれるものとして，談話法規則以外に次のようなものがあるということも述べられている (p. 307)。すなわち，

第1章　談話の流れをチェックするエンパシー制約　　27

「人間の知覚能力の容量の制限に関する言語心理学的規則のセット」
「会話を行う上の話し手と聞き手の約束事に関する規則のセット」
「敬語法に関する規則のセット」など。

　最後に，（エンパシー制約を含む）談話法規則の研究の重要性を
力説している部分も，大変示唆に富む内容となっていると思われる
で，少々長くなるが，ここに引用しておきたい。

　　　従来の言語学研究，特に変換文法理論のフレイムワークでの
　　研究では，厳密に，科学的に定義できる構文法規則の研究が
　　偏重され，インフォーメイションの新旧度とか，話し手の視
　　点という，公式化のしにくい概念に基づいた規則の研究は，
　　「談話部門」というごみ箱に入れられて，無視される傾向が
　　強かった。併し，構文法的規則で，スッキリと割り切れる言
　　語現象は極めて稀で，多くの場合，構文法規則と，種々の談
　　話法規則が，相関し合って，極めて複雑な言語現象を作り出
　　している。従来のアプローチは，既に述べた様に，先ずすっ
　　きりと割り切れる構文法規則を立てて，その後で，それだけ
　　では説明できない部分の談話法的研究をすれば良い，という
　　ものであった。このアプローチに，理論上，なんら問題はな
　　い。然し実際上，与えられた言語現象のどの部分が談話法的
　　な要因でコントロールされているかが解らないと，どの部分
　　を構文法の規則づけで捉えたらよいかが解らない。従来の純
　　粋に構文法的な言語研究の多くは，実際には談話法的要因で
　　コントロールされている部分を，構文法的要因でコントロー
　　ルされていると誤解して，誤った構文法的規則づけを行なっ
　　ている様に思われる。構文法規則を立てる前に，先ず，その
　　言語事象の総体を深く研究し，その事象と関連してくる談話
　　法的要因を隔離した上で，残りの部分に構文法的規則づけを

行なうことが必要である。こう言うと，一体談話法部門と構文法部門のどちらがごみ箱だか解らない様なことになるが，要は，両者のパースペクティヴを持って言語を分析しないと，言語の本当の姿は解らない，ということである。

(pp. 307f.)（下線は筆者）

上記引用箇所の下線部の内容を裏付ける性格の，久野によるその後の研究の代表作としては，Kuno (1987) をあげることができる。その他，談話文法を含む機能文法あるいは機能的構文分析による言語研究には大きな進展が見られる。一方では，「純粋に構文法的言語研究」，すなわち，変換文法（生成文法）理論の研究も精緻化が進むとともに，枠組みとしての理論体系の中身にも前進に向けての改変や再構築の動きが著しいと言える。それとともに，上記引用箇所で久野の指摘している「厳密に，科学的に定義できる構文法規則の研究が偏重され」の傾向は，ますます増大しているようにも見える。ただし，そのような方面の科学的研究を進めている言語学研究者といえども，談話文法や機能文法による言語研究の重要さを認識していないとは決して言えないであろう。おそらく，談話文法や機能文法の「お得意とする」方面の言語現象にも興味を示しつつ，まずは，自分の興味に沿った，お得意の分野の研究を推し進めているというのが実際の姿ではないであろうか。したがって，久野の言う「両者のパースペクティヴを持って言語を分析しないと，言語の本当の姿は解らない」のいましめも，多くの言語研究者にとって至言として受け取られているに違いない。

　以上，エンパシー制約が持つ文法体系内部での位置付けについての考察を補うために，久野による「談話部門」についての解説を取

り上げてみた。[9] ここで本題に戻り，次節では，「出会う」の意味の動詞 meet を非対格動詞の一つと考える理由について述べてみたい。

1.5. 非対格動詞としての meet

1.3.3 節において，「出会う」の意味の動詞 meet を非対格用法の動詞と考えたわけだが，その理由としては，たとえば，次に示す例文 (22a, b) のように，be 動詞による完了形の用法が見られることをあげることができる（詳しくは，2.3 節参照）。

(22) a. If they do not there will be war sooner or later, and they are met to take measures against war.

(*The New York Times*, 23 Nov. 1921)

（もし，彼らがそのように振る舞わなければ，遅かれ早かれ戦争となるでしょう。だから，戦争を起こさないための処置を講ずるため彼らは集まっているのです）

b. Friends, we are met this evening to pay honor to the men and women who some two hundred years ago came into this valley and …. (Paul Eliot Green, *Trumpet in the Land*, 1970; Google Books)

（諸君，およそ 200 年前にこの谷間にやってきて…した人たちに敬意を表するため，私たちは今宵ここに集いました）

さらには，次の例文 (23a, b) のように，少なくとも 20 世紀初め頃までは，there 構文による meet の用法が用いられていたとい

---

[9] 機能的構文論の重要性を進化言語学の新たな視点から裏付けようとする最近の研究として，Hosaka (2016)，保坂 (2022) が参考になる。

30

うような事実も指摘できる。[10]

(23) a. "I was going," said he, "with seventeen others along a
road, and there met us a Tatar horseman, and bade us
bind one another's arms."

　　　　(Edward G. Browne, *A Literary History of Persia*, 1902)

　　　　(彼が言うには，「私は他の 17 人の仲間と一緒に道を進んでい
　　　　くと，馬に乗った一人のタタール人に出会いました。すると
　　　　彼は，私たちにお互いの腕を縛るように命じました」)

b. We had reached the foot of the Gaudolino valley and
begun the crossing of the plain, when there met us a
woman with dishevelled hair, weeping bitterly and
showing other signs of distress; ....

　　　　(Norman Douglas, *Old Calabria*, 1915)

　　　　(私たちはゴードリーノ盆地の低地部にたどり着き，平原を横
　　　　切り始めていました。すると，ボサボサの髪をして，ひどく
　　　　泣き叫ぶばかりか，他にも苦悶の様子を呈した一人の女に出
　　　　会いました)

　例文 (23a, b) に見る there 構文には他動詞としての meet が用
いられていることに注意。Levin (1993: 90) には，現代英語にお
いて，他動詞が there 構文を許す例として，await, confront,
cross, enter, follow, reach, seize, take (place / shape), want
があげられているが，meet は含まれていない。また Deal (2009:
306, f. 34) は，上の動詞群と部分的に重複するが，enter, reach,

―――――――――

[10] 一般的に「存在・出現」を表す非対格動詞は there 構文としても用いられる
という特徴があるということについては，Levin (1993: 88ff.)，Levin and Rap-
paport Hovav (1995)，Bjorkman and Cowper (2015)，中島 (2016: Ch. 12)
参照。

cross, hit などの動詞を there 構文を許す他動詞の例としてあげている。興味深いと思われるのは，Deal がこれらの動詞を，本質的に所格（locative）としての性質を持つ目的語を取る動詞であると述べている点である。meet の場合も含め，これらの動詞の目的語（たとえば me）は，厳密に言うと，少なくとも表面上は目的語であるが，意味の上では「場所」ないし「到達点」か「接触点」を表す補部 me の働きをしていると捉えることができるであろう。

これらの動詞に対応する日本語の場合を考えてみると，「目的語」の部分は，「～を」ではなく，「～と」や「～に」によって表現されることもうなずけることになる。また，久野（1978: 169）が，「出会う」や「結婚する」などの相互動詞の目的語に関し，次のように断っているのも道理である。すなわち，久野は「ここで，日本語の相互動詞の格助詞『ト』でマークされた名詞句も，広い意味での目的語であると解釈される」のように述べている。

なお，動詞 meet についての「be 動詞による完了形」の用法および there 構文の用法についてさらに詳しくは，千葉（2022: 60ff.）参照。[11]

---

[11] 動詞 meet の there 構文には（ただし，これは自動詞 meet の場合であるが），一つの会議体や集合体を表す集合名詞や複数名詞句を主語とし，「会議が開かれる，会合がもたれる，一堂に会する」を意味する there 構文の場合もある。次の例文（ia, b）（それぞれ Cowper et al.（2019: 241）および千葉（2022: 72）より）参照。

  (i) a. and accordingly there met there a great number of workmen
                                                              （RYDER-1716, 174.401, 1716）
       （そこで，それに応じて大勢の職人がそこに集まった）

    b. There met at Geneva last week an assembly almost more important than those which will gather later: The Committee on Reorganization of the League Council.　　　　　　　(*Time*, 6 Sept. 1926)
       （先週ジュネーブで「連盟評議会の再編成に関する委員会」が開催されたが，これは，後ほど開かれるいくつかの委員会よりも重要であ

32

　千葉 (2022: 61) にも記したように，新情報 (new information) としての新たな登場人物を，たとえば there met us の後ろに配置して，「出現」の意味を表現しようとするのは，このような meet の there 構文の持つ一般的特徴からごく自然なことのように思えるであろう。特に，新しい登場人物に視点が移ることが，there 構文の持つ特徴から統語的に明示されていると考えられるので，me や us が meet の目的語の位置を占めるという，視点の一貫性に関する語用論的規制としてのエンパシー制約に触れるという点は，ある意味で棚上げにされ，それほど問題にならないということが期待される。[12]

　このように，meet の there 構文は，ある意味で由緒ある資格を持つと思われるにもかかわらず，その後現代英語においては，日本語の「修行者会ひたり」型表現の一般的な衰退の場合と同じように，次第に影を潜めるようになるようである。その辺の事情をぜひ知りたいと思っているが，残念ながら，それは今後の問題とせざるを得ない。

1.6. 「修行者会ひたり」はなぜ可能だったのか

　次に，古い時代の日本語で，独立文的形式の「修行者会ひたり」

　　　　　ると言えるような会議である）

　[12] 「出会う」の意味の meet を用いた there 構文の場合，例文 (23a, b) に見るように，meet の目的語を伴っているので，少なくとも最近のある時代までは，他動詞用法の meet が there 構文となって用いられていたことがわかる。be 動詞（や普通の非対格動詞 (e.g. arise, begin, exist, fall, happen)）による there 構文（すなわち「動詞句内 (inside verbal) there 構文」）と区別して，他動詞による there 構文のことを「動詞句外 (outside verbal) there 構文」と呼ぶことがある。これら二つの there 構文の特質などについて詳しくは，Milsark (1974)，中村・金子（編）(2002: Ch. 13) 参照。

第1章　談話の流れをチェックするエンパシー制約　　33

型表現が用いられていた理由について考えてみたい。その理由として，相手との出会いが無意識的なものであることを明確に表そうとする狙いがあったのではないかという捉え方がある。[13] すなわち，「語り手の視点が置かれている人物の行為である『アフ』は意志的・意図的に響きやすい。[14] そこでとられた表現が相手を主格にした『修行者あひたり』だったのではないか」(柳田 (1992: 213)) という捉え方である。

　上記引用文の中に，「語り手の視点が置かれている人物の行為である『アフ』」とあることから，次のようなことが推測できる。すなわち，動詞「アフ」には「発話当事者の視点制約」や「談話主題の視点制約」に従って，普通は，ハイアラキーの上位の位置を占める発話当事者や話題となっている人物を主語とするという性質がある，ということを柳田も暗黙のうちに認めているとみなすことができるのではないだろうか。柳田 (1992: 210) が「普通には語り手が視点を置いている人物が主格に立つ」すなわち，主語の位置を占めるので，そのような場合に，「『相手』の方が主格に立つのは異例のことと言うべきである」と述べていることからも，そのことがうかがわれる。

　したがって，柳田の説明によると，「修行者会ひたり」型表現を

---

[13] もし，そのような「相手との出会いが無意識的なものであることを明確に表そうとする狙い」を実現させるとしたら，その一つの方法として，むしろ，本文中の例文 (23a, b) に示したような，ある時代までは普通に用いられていた英語の there 構文こそふさわしいと言えるかもしれない。ただし，これは，日本語の場合にはあてはまらないことではあるが。

[14] 現代日本語の場合を考えてみると，語り手あるいは話題になっている人物が動詞「会う」の主語として用いられたときは，意志的・意図的出会いを表す傾向が強いとは必ずしも言えないようにも思われるのであるが (たとえば，「道で見知らぬ人に会った」のように)，ここでは，少なくとも，古典日本語に見る用法ではそうであったという意味であると解釈することにしたい。

用いるということは，そのような制約に従って「視点を一貫させる」（柳田 (2011: 27)）態度を取らず，むしろ「語り手の視点を一つの文章の中で突然転換する」(p. 27) 手法をとることであり，そのことにより，上記の狙い，すなわち，ある人物との出会いが無意識的なものであることを明確に表そうとする狙いが達成されると解釈できることになる。

ただし，柳田 (2011: 206f.) は，「偶然の出会いは『相手がアフ』という表現で表されるとは限らず，『相手にアフ』という表現でも表現される」とも述べている。すなわち，古い時代には，この二つの用法が併存していたことになる。偶然の出会いを表す方法として「相手にアフ」の表現を用いずに，むしろ「修行者会ひたり」型表現を選ぶことにより，ある種の劇的効果が生み出されるということになるであろうか。もちろん，そのような場合，問題のエンパシー制約はまだ機能していなかったか，あるいは，機能していたとしても，強い規制力は持っていなかったので，そのようなことが可能であったと考えることになるであろう。

なお，「視点を一貫させる」という見方は，Kuno and Kaburaki (1977: 632) の言う「相矛盾するエンパシー焦点の禁止」，すなわち，「一つの文の中に，エンパシー関係上の論理的矛盾が生じることは許されない」という制約[15]に従うという見方に等しいと言えるであろう。

---

[15] 久野・高見 (2017: 19f.) では，この制約を「視点の一貫性」と呼び，次のように定義している。すなわち，「単一の文は，話し手の視点関係に論理的矛盾を含んでいてはならない」。このように，用いている用語の上でも，日本語古典の研究である柳田 (2011) のアイデアには，Kuno and Kaburaki (1977)，久野・高見 (2017) などに見られる（現代日本語および英語の）エンパシー制約の研究と部分的な共通点がみうけられるのは興味深いと思われる。

1.7. 「修行者会ひたり」が廃れた理由

いっぽう，現代日本語に見るように，「修行者会ひたり」型表現が用いられなくなった時代の日本語においては，「発話当事者の視点制約」や「談話主題の視点制約」を無視できなくなった理由が何か生じたということになるであろうか。柳田（2011: 27f.）は次のように説明している。

> 語り手の視点を一つの文章の中で突然転換することによって，その出会いが無意志的なものであることを表現することよりも，視点を一貫させることの方を近代の人々が選択したことによるものであろう。意志・無意志の違いが意味の違いであるのに対して，ヲ格をとるかとらないかは要素と要素との論理的関係の違いであり，一つの文章の中で語る視点を一貫させるというのは論理的に明確な表現を求めるところから出てくるものである。大きく見れば，論理的表現への志向が「修行者あひたり」型表現を衰退させることになったものと筆者は考える。[16]

上に引用した説明は，ある特定の場面で，ある特定の言語表現を用いようとするときに働く言語使用者のこころの動き，あるいは，母語言語使用者の意図・狙いを語っているかのように受け取られる可能性があるかもしれない。実際は，自分の獲得している母語の文法のメカニズムの内容や変化に関し，そのような心の動きを感知したり，説明するようなことはむずかしいように思われるので，このような説明は，少なくとも，生成文法的文法観の立場からすると，

---

[16] この引用箇所において，「ヲ格をとるかとらないか」とあるのは，他動詞か自動詞かの違いを意味している。

あくまでも比喩的な表現による説明として捉えるべきかもしれない。ただし，文法の理論的研究の中で，エンパシー制約などの規則や原理を用いたメカニズムを仮定することによって，そのような比喩的表現に含まれている意図や狙いを吸収させることができるとも考えられるであろう。

上で「意味論的二元性」の話題に触れたときに説明したように，エンパシー制約の問題は，文法の外側に位置する事柄との関連が重要な働きをすると考えられるので，上記柳田による説明は，文法外部の事柄との関係を取り入れた考察とみなすことができるという点で，動詞「出会う」や meet についてのエンパシー研究を進める上で重要なアイデアの一つになると言うべきかもしれない。特に，語用論的機能を持ったエンパシー制約が問題となっていることを考えると，上で述べた「ある特定の場面で，ある特定の言語表現を用いようとするときに働く言語使用者のこころの動き，あるいは，母語言語使用者の意図・狙い」なども考察の対象となりうるであろう。すなわち，言語現象のどの部分をどのように説明するかに関し，談話文法ないし機能的文法に基づく説明と，文法の中核的部分に狙いを定める生成文法的説明の両方の説明方法が必要になるということである（1.4 節の解説参照）。

いっぽう，この章で問題にしているような言語現象を，生成文法的方法論の枠内でどこまで追究可能かの問題も考察の対象となるであろう。本章におけるこれまでの説明の中で，「広い意味での文法」や「文法の外側」などの言い方をしているのは，エンパシー制約の絡んだ当面の言語現象は，文法の中核部を構成すると思われるメカニズムを超えた部分とのつながりが重要であることを示唆するものとなっている。

少なくとも筆者の立場からすると，もし可能ならば，言語使用者が（無意識の状態で）心・脳の中に獲得している（広い意味での）

第1章 談話の流れをチェックするエンパシー制約　　37

文法の内部を構成するメカニズムに言及する形での説明が望ましいと考えられる。そのような線に沿って，まだ十分に詰めた形のものになっているとは言えないまま概略を示したのが，すでに 1.3.3 節および 1.4 節で述べたような，動詞 meet の非対格的分析案を基にして，さらに，意味論的二元性のアイデアに基づいてエンパシー制約とのかかわりを捉えるという説明方法である。

　生成文法的捉え方に立って，柳田の説明をさらに追求するとすれば，問題は，古い時代においても，「発話当事者の視点制約」が文法の中に機能していた（あるいは機能する）可能性が考えられるにもかかわらず，その制約には従わずに，むしろ，「語り手の視点を一つの文章の中で突然転換する」ことにより，「その出会いが無意識的なものであることを表現する」ことのほうを選ぶことがどうして可能だったのか，ということになるであろう。もちろん，問題となっているエンパシー制約は，歴史的言語変化の過程の中で，上でも示唆したように，古い時代においてはまだ機能していなかったという見方もありうるであろう。上記引用箇所 (p. 35) の「語り手の視点を一つの文章の中で突然転換することによって，その出会いが無意志的なものであることを表現することよりも，視点を一貫させることの方を近代の人々が選択したことによるものであろう」の部分は，歴史的言語変化の過程の中で，問題のエンパシー制約が機能していなかった，あるいは，機能していたとしても，その力が弱かったような時代から，その制約の力が強く働くような時代への推移が見られる，というように理解することができるのではないだろうか。ただし，その場合には，どうしてそのような変化が生じたのかについての説明がさらに要求されることになるであろう。残念ながら，そのような説明はここではまだできないので，残された問題としたい。

1.8. 古い時代の英語に見る「修行者会ひたり」型表現

なお、「修行者会ひたり」型表現に相当する用法が、比較的古い時代の英語の動詞 meet の場合にも見られるということは、千葉（2022）において指摘したとおりだが、ここでは、そこにあげている例の中からいくつか再録してみよう。まず、（24a–c）にあげるのは、中英語期（1100–1500）の Chaucer の作品の中からの例、およびその現代英語訳と日本語訳である（ただし、（24a）では、動詞 meet（with）の目的語が発話当事者（me, us）ではなく、物語の主人公を表す hem（＝them）となっているので、この例文も、1.3.2.2 節の例文（18b）［＝This man would be delightful if one met him in a wagon-restaurant and got into conversation.］の場合と同じく、「談話主題の視点制約」にかかわるものであることになる）。

(24) a. Whan they han goon nat fully half a mile, / Right as they wolde han troden over a stile, / An oold man and a povre with hem mette. / This olde man ful mekely hem grette, / And seyde thus, "Now, lords, God yow see!"

   (Chaucer, *The Canterbury Tales*, "The Pardoner's Tale")

   b. When they had gone not fully half a mile, / Just as they were about to cross a stile, / They came upon a very poor old man / Who humbly greeted them and thus began, / 'God look to you, my lords, and give you quiet!'

   (Translated into Modern English by Nevill Coghill)

   c. 彼らが半マイル行くか行かないところで、牧場の踏み越し段を越えようとしたちょうどその時、一人の貧し

そうな老人に出会った。この老人は物柔らかに三人に
挨拶して，こう言った。「皆さん方，神様の御加護があ
りますように。」（笹本長敬訳『カンタベリー物語（全訳）』，
英宝社，2002，p. 274）

　すなわち，Chaucer による原文 (24a) の下線部の文においては，
この場面で新たに登場する an oold man and a povre (＝a poor
old man) が，動詞 mette (＝met) の主語として用いられているの
がわかる。

　上記例文 (24a) に見るような動詞 meet の用い方は，近代英語
の時代になっても用いられた。たとえば，欽定訳聖書 (King James
Version (KJV), 1611) から該当例 (25a) を引用してみよう。(25b)
にあげるのは，現代英語に翻訳した聖書の例である。

(25) a. And it came to pass, as we went to prayer, a certain
damsel possessed with a spirit of divination met us,
which brought her masters much gain by soothsaying.

(KJV, Acts 16: 16)

b. One day, when we were on the way to the place for
prayer, we met a slave woman. She had a spirit that
enabled her to predict the future.

(Common English Bible)

　同じような例は，シェイクスピアの作品の中にも見出すことがで
きる。たとえば，次の例 (26a) は，*Henry IV, Part I*, IV,ii におけ
る Falstaff のセリフである。

(26) a. A mad fellow met me on the way and told me I had
unloaded all the Gibbets and pressed the dead bodies.
No eye hath seen such scarecrows.

b. そう言えばここに来る途中，ふざけた野郎がぬかしや
   がった，よくもまあ，おまえさん，首吊り台から引き
   おろした死骸だけで兵隊を集められたもんだな，って。
   こんな案山子の列を見たものが一人だっているか。

(小田島雄志訳)

このセリフの前の部分とのつながりから見ても，また，(26b) に
あげた小田島の日本語訳からもわかるように，この場合の a mad
fellow met me は，Falstaff が通りで「ふざけた野郎」にばったり
と出会ったことを意味する表現となっている。

さらに，このような meet の用法は，次に示すように，19 世紀
以降のデータからも見出すことができる。

(27) a. Thus easily I fell into the snare; / For as along the
        well-known streets we went, / An old hoar man there
        met us, weak and bent, / Who staying us, the while
        with age he shook, / My lusty fellow by the shoulder
        took, / And said, ….

                (William Morris, *The Earthly Paradise*, 1868–70)

        (こうして私は易易と罠に堕ちたのです。というのも / よく知っ
        ている街路を二人が進んで行くと / 弱々しく，腰の曲がった白
        髪の老人が我々に出遭い，/ 我々を呼び止めましたが，その間，
        老いのため身を震わせ，/ 元気のいい私の連れの肩に手を掛け
        て，言いました…)

        (森松健介訳『地上の楽園――春から夏へ』p. 56)

    b. What took place after that? A gentleman met us on
        the way, who was going from Limerick; …. (*Obser-
        vations on Intimidation at Elections in Ireland, by Mob …*,
        p. 29, 1854)

第 1 章　談話の流れをチェックするエンパシー制約　　41

（そのあとで何が起こったのだろうか。途中，私たちはリメリックを出て行こうとしていた一人の紳士に出会いました）

c. I have been out—and behold everything is become strange wherever I went.　My acquaintances were almost all gone, and in the houses and promenades <u>new faces met me</u>.　(Herman Pückler-Muskau, *Tour in England, Ireland, and France: In the Years 1826, 1827, and 1829*, 1833)

（私はずっと外にいました。どこに行っても，見るもの全てが奇妙に思えてくるのでした。私の知り合いはほとんど皆いなくなっていました。どこの家や遊歩道でも，会うのは見知らぬ顔ばかりでした）

d. A nod is always exchanged between strangers meeting on the road.　This morning <u>an underwitted old man met me</u> on a walk, and held a pretty long conversation, ….　(Nathaniel Hawthorne, *Passages from the American Note-Books*, Vol. 1, p. 72, 1868)

（道で会うと，見知らぬ人の間でも会釈を交わすのが常に見られる。今朝方，私が通りを歩いていると，知的障害のある一人の老人に出会ったのだが，その人はかなり長くおしゃべりをし …）

　上記例文 (27a) の日本語訳の下線部は，「白髪の老人が我々に出遭い」となっていて，一見「修行者会ひたり」型表現になった，問題のエンパシー制約違反の表現のように思われるが，千葉 (2022: 78) において指摘したように，前後の日本語の流れからみて，筆者には不自然さの感じられない表現のように思われる。千葉 (2022: 78) において，筆者は「訳し方次第によっては，『修行者あひたり』

に相当する現代日本語による表現も，それほど不自然に感じられない場合もあるように思われる」との感想を述べたにすぎなかったのであるが，これは，むしろ，1.3.2.1 節で説明した「独立文を形成しない場合」の例とみなすのがふさわしいと思われる。

さらに詳しい同種のデータについては，千葉 (2022) を参照されたい。これらの例文に見られる動詞 meet は，いずれも，物語の主人公である they / we / I が道中ある人物に出会う場面を描写するのに用いられていることがわかる。したがって，少なくとも現代英語では，ふつうこれらの名詞句 they / we / I は，エンパシー制約に従って meet の主語の位置を占めることが期待されるところであるが，上に示したような例文においてはそうなっていない。すなわち，問題のエンパシー制約はここでは機能していないように見える。しかも，これらの例は，すでに上で観察したような，エンパシー制約を免れることのできる特徴は持っていないので，そのような場合の例と見なすことはできない。したがって，現代英語に至るまでの比較的古い時代においては，問題のエンパシー制約が働いていなかったか，その拘束力が弱かったと思われる状況が見えてくることになる。

以上観察したように，比較的古い時代の日英両言語において，問題のエンパシー制約が機能していなかった時期が見られることになる。いっぽう，次の例文 (28a, b)（千葉 (2022: 94ff.)）に見るように，現代のインド英語などにおいても，エンパシー制約に縛られない「出会う」の意味の動詞 meet の用法が観察されるようである（ただし，エンパシー制約の機能に関し，日本語や英語のような時代的変遷が見られるのかどうかはわからない）。

(28) a. One day when I was going to the school which was a two-three minute walk from the house, a Nair woman

met me on the way. On either side of the road were paddy fields. The Nair woman asked me to step down on to the fields to make way for her (as she considered a Pulaya unapproachable).

(The Economic Times, E-Paper, 15 Aug. 2017)

(ある日のこと，私が家から歩いて2, 3分のところにある学校へ行く途中，ナヤール族の女に出会った。道の両側は水田だった。ナヤール族のその女は，私が水田に降りて彼女に道を譲るよう頼んだ──プラヤ族の人間は「不可触民」だと彼女はみなしていたからだ)

b. "I was there for two days last week and stayed in Ashram due to security reasons. I felt it safe to be there. Incidentally Sri Sri Ravi Shankar met me there and I told him that …," said Wani, a school principal, at his Shareefabad residence.

(Greater Kashmir, 7 April 2021)

(「私は先週の二日間そこに留まり，身の安全のため，アシュラムに滞在していました。そこにいるのが安全だと感じました。そこでたまたまシュリ・シュリ・ラビ・シャンカールに出会い，次のように伝えました」と，学校長のワニ氏はシャリーファバードにある自宅で語った)

　ただし，インド英語などに見られるこのような特徴は，英国の植民地となって，英語が取り入れられるようになった当時の，動詞meetに関するイギリス英語の用法を反映したものなのか，それとも，それらの地域におけるその後の独自の英語の発達によるものか，詳しいことはわからない。

　以上観察したように，英語の場合，時代によりまた地域によりエ

ンパシー制約の働きが異なるのは，「文法の外側」に位置づけられるエンパシー制約そのものの持つ性質からくるのであろうと思われる。さらに，日本語においても同じような時代的変遷が見られるというのも，大変興味深いと思われる。

1.9. まとめ

以上の考察をとおして言えることは，言語の歴史的変化の過程において，動詞 meet および「出会う」の用法を規定するエンパシー制約がまだ十分機能していなかった比較的古い時代から，エンパシー制約による規定が一般的に強く働くようになる近代・現代への変遷の様子が日英語の両言語にわたって見られる，ということになるであろう。柳田（2011）が日本語の「修業者会ひたり」の用法に見られる歴史的変化に関し，「視点を一貫させることの方を近代の人々が選択した」のであろうと推測しているということについては，すでに述べたとおりであるが，柳田のこの推測を英語の場合にも当てはめ，「少なくとも現代の英米語や日本語では，問題のエンパシー制約に従ったような用い方をするようになった」と言うことができる。ただし，すでに上でも述べたように，どうしてそのような変化が生じたのかについての納得いく説明については，今後の研究に俟たなければならない。

第 2 章

英語の動詞 meet の受け身用法

2.1. はじめに

千葉 (2022) の第 4 章「受け身形と完了形としての be met」には，OED Online, s.v. *meet*, verb, V.7.f の箇所に掲載された **to be well** (also **happily**, etc.) **met** の表現についての解説を見出すことができる。すなわち，OED Online には，この表現の語義として "to be welcome in a person's or one another's company; (hence) to be well received, welcome. Now *archaic*" の説明とともに，(1) に示すような 7 つの引用例があげられている。筆者はその中から 1888 と 1923 のものを除く 5 つの例を引用して解説している (千葉 (2022: 178f.) 参照)。[1]

(1) a. ►a1470 T. Malory *Morte Darthur* (Winch. Coll. 13) (1990) I. 70 'Now go we hense,' seyde Balyne, 'and well we beth <u>mette</u>.'

（「さあ，出発しよう」とバーリンは言った。「お会いできてよかった」）

b. a1616 W. Shakespeare *Taming of Shrew* (1623) iv. iv. 19 You are <u>happilie met</u>.

（いいところでお目にかかりました）

c. 1751 T. Smollett *Peregrine Pickle II*. lxxi. 269 He.. reminding him of the jovial purpose on which they were <u>happily met</u>.

（彼らがこのようにして楽しく集った愉快な目的のことを彼に思い起こさせながら，その若者は ...）

---

[1] OED Online は，現在，3 か月ごとに部分的内容を更新している。この章において参照した OED Online の動詞 meet 関係の情報は，「直近の修正版は，2023 年 3 月現在のものである」との断りのある内容に基づいている。

d. 1888 E. Arnold *Secret of Death* 231 Well met in some far-off serenest session, The unimpassioned rest of great men gone.

(はるか昔のこの上なく穏やかなとある会合で，仲睦まじく顔を合わせた，冷静なる偉人の名残ともいうべき人たちは今はない)

e. 1923 L. Hart *Band of Ne'er-do-wells* in *Compl. Lyrics* (1986) 35 / 1 The cockleshells are all well met; We sneak into our cellarette And cluster round our king.

(ザルガイの貝殻たち，みんなよく来たね。私たちはワインラックの中にこっそり入り，王様の周りに群れをなして集まるよ)

f. 1970 T. Murphy *Whistle in Dark* iii. 63 You couldn't be up to Bitchey. Ye're well met, Michael and yourself. 1234:

(君はビッチーにはかなわないだろう。マイケルと君自身なら釣り合っているけど)

g. 1992 P. McCabe *Butcher Boy* (1993) 170 You and Philip Nugent are well met.

(あんたとフィリップ・ニュージェントは仲がいいんだね)

　これらの引用例を OED, 2nd ed., s.v. *meet*, v, I.4.b にあげられた動詞句 well met についての解説，すなわち，"Phrase, *to be well, happily*, etc., *met*. Also *ellipt.*, *well met!* (as an expression of welcome)" に見出すことのできる７つの引用例文と比べてみると，次のような違いがあることがわかる。すなわち，上記例文 (1a) だけが，OED, 2nd ed. のものを再録した形になっていて，あとの６つの例文はすべて別の例文で差し替えられている。しかも，OED,

2nd ed. の引用例文はすべて "Welcome" と相手に呼びかける内容の文となっているのに対し，OED Online にはそれ以外に，「（お互いに）相手を歓迎する間柄である」の語義が追加され，それに対応する例文も新たに加えられているという大きな違いが見られる。さらに，OED Online の場合には，上記の例文（1a, b）にほぼ相当する "Welcome" の意味の well met の新たな例文を，上記 meet, verb とは別の，形容詞および間投詞用法としての well-met の項目の箇所にも 10 個まとめて見出すことができるという扱いになっている。

　本章では，上で取り上げた OED Online における well met の例文を基として，千葉（2022）では十分に議論を深めることのできなかった well met の語義・用法について考えるとともに，英語の動詞 meet の受け身用法に見られる特徴に関する考察を深めていきたい。

2.2.　be well met のもう一つの用法

　上に OED Online から引用した to be well met の語義の前半部，すなわち，"to be welcome in a person's or one another's company" は，日本語訳を上に示したように，「（お互いに）相手を歓迎する間柄である」のように解釈できると思われる。ただし，そのように解釈した場合でも，例文（1f, g）に添えた日本語訳のものとは，ある種のずれが感じられるに違いない。したがって，そのような例文の場合にもぴったり当てはまるような語義を別途掲げてもよかったのではないかとさえ思われる。そのことについては，後ほど再度取り上げて議論することにしたい。

　結局，OED Online からの上記引用例文（1a–g）のうち，最初の二つだけが "Welcome!" の挨拶に相当する例文となっていて，残

りは，「（お互いに）相手を歓迎する間柄である」の意味に該当する
例文となっているものと理解できる。なお，"Welcome!" の意味で
の well met は「現在では古語である」との説明があることにも注
意したい。

ところで，OED Online には，別項目としての *well-met*, adj. &
int.（のうちの int.（間投詞））の箇所にも，挨拶の言葉（"Welcome"）
として用いられる well met のことが記載されているということに
ついては，上に述べたとおりである。そこにも「古語」であるとの
説明があるが，その説明にもかかわらず，引用例の中には，下記
(2a, b) のような，比較的現代に近い年代の用例も含まれているの
が注意を引くかもしれない。ただしこれは，現代英語の挨拶の言葉
として "Well met" を用いるのは，"Welcome" の場合とは異なり，
どこか古風な感じを与えるということを意味するものと理解でき
る。

(2) a. 1958 H. E. Bates *Darling Buds of May* (1961) 65
'Hail,' the Brigadier said. The voice was low and
cryptic. 'Well met, Larkin.'
（「やあ！」と旅団長は声をかけた。その声は低く，謎めいて
いた。「いい所で会ったね，ラーキン」）

b. 1997 T. Pynchon *Mason & Dixon* 299 Why, Mr.
Dixon. Well met.
（おや，ディクソンさん。いい所でお会いしました）

ここで，(1) に引用した 7 つの例文に戻ることにしよう。そのう
ちの，最後の 2 例 (1f, g) を原典にあたって調べてみた結果が千葉
(2022: 179) に報告されているので，それを次に取り上げてみた
い。

すなわち，これらの例文に見る well met の用法は，"Welcome"

と相手に呼びかけながら挨拶を交わすような場面を描写しているのではないことがわかる。すなわち，Michael や Philip はその場面には登場していない人物のことを指しているので，いずれの場面も，それら固有名詞で表された人物が，"Welcome" と呼びかけられている相手（の一人）と取るには不自然な場面であることになる。このような場合の well met の意味としては，例文 (1f, g) に添えた日本語訳からも推測できるように，「似合っている」「仲がいい」「つりあいがとれている」のようなものと考えるのが，引用例文の原典における前後の文脈からみても自然だと言えるであろう。

　ところで，上にあげたような意味は，OED Online, s.v. *well met* に記載されている語義の前半部，すなわち，"to be welcome in a person's or one another's company"「（お互いに）相手を歓迎する間柄である」を拡張解釈することにより得られる意味であると言えるであろうか。両者にはいくぶんかの隔たりがあるように思われるので，ここではむしろ，well met の３つ目の語義として，上に示したような意味（「似合っている」「仲がいい」「つりあいがとれている」）を付け加える案を提案してみたい。

　「似合っている」「仲がいい」「つりあいがとれている」の意味の well met のもととなるような単独動詞としての meet の語義を，OED Online の中に求めるとすれば，自動詞用法の meet の持つ語義として，*meet*, v, 4.d の箇所にあげている "to agree, tally, match"（一致する，つり合う，似合う）がふさわしいように思われる。すなわち，この意味の動詞 meet の過去分詞形 met に副詞としての well が修飾語として付いてできた well met を考えることとしたい。事実，そこに引用されている例文の一つに，次のような well met の例が含まれているのが興味深いと思われる。

　(3)　1737 A. Ramsay *Coll. Scots Prov.* 61　The greedy Man

第2章　英語の動詞 meet の受け身用法　　51

and the Gielainger are <u>well met.</u>

（欲深い人と詐欺師はお似合いの中である）

　すなわち，この語義のもとで (3) の例文をあげているということは，OED Online における少なくともこの箇所においては，well met を構成する動詞 meet の意味を「一致する，つり合う，似合う」であるという立場を暗に表明しているものと捉えることができるであろう。ただし，上でも説明したように，OED Online が well met を一つの辞書項目としてまとめて扱っている箇所 (*meet*, v, V.7.f) に掲げている語義，すなわち，"to be welcome in a person's or one another's company; (hence) to be well received, welcome. Now archaic" には，meet の持つ「一致する，つり合う，似合う」の意味が取り入れられた形になっていると言えるのかどうか疑わしいようにも思える。したがって，meet の持つこの種の語義をもっと積極的に取り入れたような語義解説が，OED Online, s.v. *well met* の箇所にもほしいように思うというのが筆者の希望である。

　ただし，この意味の meet の用法には，上でも述べたように，「今では Obsolete（廃語）である」との注が *meet*, v, 4.d の箇所には記載されているので，上記例文 (3) に見るような well met も今では用いられないことを意味すると取られる可能性がある。このことは，すでに上で説明したように，well met の項目の箇所に記載されているとおりである。ただし，上で紹介したような，well met の三つ目の語義を別途追加する（明示する）という筆者の提案は，その「三つ目の用法としての well met」の met が，「今では廃語となっている用法としての "to agree, tally, match" の意味で用いられている」のように，矛盾する内容を持った主張のようにも聞こえるという点で，問題となる可能性があるが，この点の解決策につい

ては，後ほど触れることになる。

　上に提案した well met の三つ目の語義，すなわち，「似合っている」「仲がいい」「つりあいがとれている」について考える場合，さらに，OED Online, s.v. *well-met*, adj. A も参考になるであろう。この語義の後半部「互いによく釣り合った」の意味で用いられる well-met の用例（ただし，叙述語的用法として，ハイフンのない well met の用例となっている）として OED Online があげているのは，次の2例である。すなわち，(4a) の下線部は「口と耳がよく釣り合っている」ことを表し，いっぽう，(4b) の下線部は「二人がよく釣り合った学者同士である」ことを表している。ただし，この well met の用法の場合にも，「廃語」の注がついているのが気になるところではある。

(4) a. 1592 P. Moffett *Comm. Prouerbes Salomon* xxv. 214 A mouth which vttereth pretious reproofes and admonitions, and an eare which listeneth to them with attention and humilitie, are not onely sutable and well met, but [etc.].

（貴重な叱責および忠告の言葉を発する口と，それらを注意深くまた謙虚に受け止める耳とは，単にふさわしい，よく釣り合った間柄であるだけでなく …）

b. 1612 S. Lennard tr. P. de Mornay *Mysterie Iniquitie* xxvii. 150 Which Boniface persuaded Zacharie (a couple of scholers well met) to condemne in him as Heresie and irreligion.

（それに対し，バナフェスはザカリーに向かって──二人はよく釣り合った学者同士であった──異端および不敬の心ありととがめられるべきであることを説得した）

第 2 章　英語の動詞 meet の受け身用法　　53

　これまで議論してきたことをまとめると，次のようになるであろう。すなわち，上で取り上げたような用例 (1f, g) に見る well met の意味解釈を基に，well met の三つ目の語義として，「似合っている」「仲がいい」「つりあいがとれている」を加えることができるのではないだろうか。さらに，well met のこの語義・用法は，現代英語としての上記例文 (1f, g) に見るように，現代英語においてもなお生きていることになる。また，データベース NOW Corpus (News on the Web) の検索により得られる次のような現代英語の例文も，このような用法の例であると言えるであろう。

(5)　a.　The pair were <u>well met</u>.　　(Echo LIVE.ie, 14 May 2019)

　　　　（二人はお似合いの夫婦だった）

　　b.　[Lowell] Thomas and his era were <u>well met</u>.

　　　　　　　　　　　　　　(*The Weekly Standard*, 8 April 2023)

　　　　（ローウェル・トーマスは彼の時代にうまくマッチしていた）

　　c.　The respective leaders of Russia & China have been <u>well met</u>, during the Olympics.

　　　　　　　　　　　　　　(interest.co.nz, 24 Feb. 2022)

　　　　（オリンピック開催中，ロシアと中国それぞれの指導者たちは友好的関係を築いていた）

2.3.　残る問題

　well met の三つ目の語義を上で述べたように捉えようとすると，残る問題として，次のようなことが浮上するであろう。すなわち，上で提案した well met の三つ目の語義のもとになる単独動詞としての meet（あるいは，形容詞 well met）の語義と考えられるもの自身は，今では廃語あるいは古語扱いとなっているという事実に直

面することになる。この問題に対する筆者の考えは次のとおりである。つまり，動詞 meet の語義として，今では廃語扱いとなっているものの中には，well met の形として今も姿をとどめているものがあるのではないだろうか，ということになる。

以上の考察において取り上げた well met のうち，例文 (1f, g)，(3)，(4)，(5) に用いられている well met の意味解釈として，「似合っている」「仲がいい」「つりあいがとれている」を考えたわけであるが，ここで，well met の品詞あるいは統語的構造をどのように捉えるかについて述べてみたい。

これまでの説明でもおわかりのとおり，OED Online では，well met の用例が，まず，動詞 meet の語義の違いに応じて，いくつか異なる下位項目の中に現れていることがわかる。また，その場合の well met は，いずれも「副詞 well＋動詞 met」の統語的構造を持った動詞句として扱われていることになる。例文 (1)，(3) の場合がそうである。いっぽう，well met を一つの間投詞ないし形容詞（句）として扱っている箇所もある。それぞれ (2)，(4) の場合がそうである。

前者の扱い，すなわち，「副詞 well＋動詞 met」と捉える場合には，さらに次のような問題も浮上してくることになる。すなわち，be well met の過去分詞形 met は受け身形なのか，それとも完了形なのかという問題である。この問題について，少なくとも (1) の例文に用いられている well met については，動詞 meet が自動詞なのか他動詞なのかの区別を OED Online は明確にしていないので，それら well met の用法についても「完了形としての well met」か，それとも「受け身形としての well met」かの区別が明確には示されていないことになる。あるいは，例文 (1a-g) の中には，そのいずれの用法の例も含まれているということなのかもしれない。

第 2 章　英語の動詞 meet の受け身用法　　55

　ただし，千葉 (2022: 180) においては，筆者はこのような「いずれの用法の例も含まれている」という，柔軟な捉え方の可能性には思い至らず，次のような見方をしていたのであった。すなわち，(1) の例文に見られる well met のもととなっている動詞 meet について，自動詞か他動詞かの区別を OED Online は明示していないけれど，動詞 meet の他の語義・用法の場合と同じように，ここでも自動詞か他動詞かの区別は一応考えられていたのかもしれない。もしそうであるならば，(1) の例文に用いられている well met を構成している動詞 meet については，自動詞・他動詞のいずれであると考えたらいいであろうか。

　このように，当時の筆者は，例文 (1) に見られる動詞 meet (の過去分詞形 met) の場合も，自動詞あるいは他動詞どちらか同じグループに属するものとしてそこに引用されているのであろうと推測していたのであった。そのような推測のもと，いろいろなことを考慮した結果，それらの例文の meet を他動詞であるとみる (したがって，(be) well met を受け身形であるとみなす) のが，統一の取れた見方になるであろうとの解釈をくだしていたのであった。

　いっぽう，上記例文 (3)，すなわち，The greedy Man and the Gielainger are well met に用いられている動詞 meet ついては，自動詞であることを OED Online は明示している。自動詞 meet の過去分詞 met が，have 動詞ではなく be 動詞とともに用いられて are well met となっているということは，この場合の are well met は受け身形ではなく，完了形であることを意味することになるのであろうか (be met の完了形用法については，すぐ下に見出すことになる解説参照)。

　必ずしも，そのように推測する必要はないであろう。すなわち，well met の中に用いられている met は「一致する，つり合う，似合う」の意味の自動詞 meet に由来するが，それに副詞 well が合

56

成されてできた語句 well met（あるいは well-met）自体は，「似合っている」「仲がいい」「つりあいがとれている」の意味の述語（あるいは形容詞）として用いられる，というような捉え方も可能であるからである。

そこで次に，be met の完了形用法について，少々説明を加えておこう。千葉（2022: 173f.）において解説したように，中英語から初期近代英語において見られる，be 動詞による完了形を用いる自動詞の例として Fridén（1948: 57–117）があげている一群の動詞（下にあげる（6）のリスト参照）の中には，下線部で示したように，meet も含まれていることがわかる。

(6) come, go, arrive, fall, flee : alight, arise, climb, creep, depart, descend, enter, escape, fly, get (to, into, up, etc.), land, leap, <u>meet</u>, mount, pass, post, retire, return, ride, rise, run, spring, sink, step, walk, wander, steal (away), appear, vanish : fare, glide, roam, wend; become, grow, wax, befall, cease, change, expire, increase, melt, turn, die, decease

Fridén（1948: 92）があげている完了形 be met を用いた例文の中には，次のようなものが含まれている。

(7) a. As frendes doon whan they <u>ben met</u> y-fere. [y-fere = together]　　　　　　(Chaucer, Ch B Shipmannes 1531)
（たまたま出会ったときに，友人同士がするように）

   b. These are the parents of these children,／Which accidentally <u>are met</u> together. (Shakespeare, *Errors* 5. I. 360)
（この二人はこの子どもたちの両親である。みんな偶然巡り

第 2 章　英語の動詞 meet の受け身用法　　57

合ったのである）

　上記リスト (6) の中の動詞は，その後の文法研究の中で提案された，自動詞を非能格動詞 (unergative verbs) と非対格動詞 (unaccusative verbs) に分類するアイデアに従うと，後者の部類に属すると考えられる自動詞の例である。このリストの中のいくつかのものは，現代英語においても，be 動詞による完了形用法が可能であることをデータベースの検索により確かめることができる。現代英語における be met の完了形用法の表す意味としては，上で取り上げた例文 (4)，(5) に見るように，「一致する，つり合う，似合う」のようなものの他に，下記例文 (8)（千葉 (2022: 175f.) より）に見るように，「集う，一堂に会する」の意味なども含まれることがわかる（例文 (8a) は 1.5 節の例文 (22b) の再録）。

(8)　a.　Friends, we <u>are met</u> this evening to pay honor to the men and women who some two hundred years ago came into this valley and ….

　　　　　　　　　　　　　　(Paul Eliot Green, *Trumpet in the Land*, 1970)

　　　（諸君，およそ 200 年前にこの谷間にやってきて…した人たちに敬意を表するため，私たちは今宵ここに集いました）

　　b.　They also advocate neutral space where lost people <u>can be met</u> in a nonthreatening environment.　(Alan Hirsch and Michael Frost, *The Shaping of Things to Come: Innovation and Mission for the 21st-Century Church*, 2013)

　　　（二人はまた，迷える人々が脅迫を感じないですむような環境に集えるような中立的空間をも提唱しています）

　なお，OED Online の Advanced search により得られる例文のうち，次のようなものも興味深いと思われる。この例文は，OED

Online, s.v. *well met* に記載されている語義の前半部，すなわち，"to be welcome in a person's or one another's company" をそのまま当てはめて理解できる例の一つと言えるであろう。

(9) 1856 M. F. Tupper *Paterfamilias's Diary of Everybody's Tour* 134 Let me remember..with loving kindness, the hearty Indian major..and divers others, well met and reluctantly adieued.

すなわち，下線部を含む well met and reluctantly adieued の部分は，長めの主語を受ける（能動態の）述語となっていて，その意味は「みんな互いに相手を歓迎し，また名残を惜しみながら別れた」のようなものとなるであろう。

また，インターネット辞書の一つ Wiktionary は，下の (10) に引用するように，"well met" の項目の二つ目の語義として，現代でも用いられる用法として「尊敬されている人物，あるいは社会的地位のある人物の挨拶を受ける」を例文とともにあげているのが特徴的である。

(10) 1. (archaic) Welcome, greeted.
2. Greeted by a person of high respect or social status. Lady Merlumina?! You were well met. She is an ancestor of mine.
（メルルミナ夫人ですって !! それはいい人にお目にかかれましたね。彼女は私の先祖に当たります）
3. Used other than figuratively or idiomatically: see *well*, *met*.

さらに Wiktionary には，上記の引用箇所の3にあるように，well met には，イディオム的な表現としての well met の他に，

第2章　英語の動詞 meet の受け身用法　　59

（それぞれ異なる意味用法の）meet の過去分詞に副詞 well が修飾語として付いてできる，動詞句としての well met の場合があるという趣旨の親切な説明も見られる（ただし，これに類する解説としては，すでに上でも触れていることでもあり，また，OED Online にも見出すことができることではあるが）。[2]

　また，このような「親切な」説明（の特に 3 の説明）に従うと，上で取り上げた (1f, g)，(3)，(4)，(5) のような例文の他に，次の例文に見るような「条件・要件を十分満たしている／目的にかなっている」の意味の well met の場合なども，そのような例の一つであることが理解できることになる。

(11)　The key difference with Trump is that two of the four are well met, and that is willful violation and obstruction of justice.　　　　　　　　　　　　(*The Guardian*, 11 Jan. 2023)
　　　（［バイデン大統領の場合と比較して］トランプ元大統領の場合に見られる重要な違いは，問題の 4 つの要件のうち二つが十分満たされているということである。すなわち，意図的な法律違反と司法妨害の二つである）

---

　[2] このように，Wiktionary に見られる well met の説明が，一般読者にとって親切だと筆者が感じたのは，特に，以下にあげるような英和辞典における記述が，いくぶんそっけない扱いとなっているように思えたからでもある。
　(i)　『リーダーズ英和辞典』第 2 版 (1999)：well met《古》ようこそ (welcome)
　(ii)　『ランダムハウス英和大辞典』第 2 版 (1994)：well met《古》ようこそ (welcome)：Well met! (ようこそ) / This is well met.(これはいいところで会った)
　(iii)　『新英和大辞典』第 6 版 (2002) には独立した項目としての well met はなく，動詞 meet の例文の一つとして Well met! (よい所で会った) をあげている。ただし，古語であるとの注は与えていない。

以上見てきたように，well met の表現はいくつかの異なる源から発していることがわかるが，その出自がはっきりしない場合もあるようである。特に，そのうちの「副詞 well＋動詞 met」としての動詞句由来の well met が be 動詞と合体して be well met の形で用いられた場合は，上にも述べたように，それが（非対格自動詞からなる）完了形なのか，それとも，（他動詞からなる）受け身形なのかを見定めるのが必ずしも容易ではないということがある（たとえば，上記例文 (1a-g) 参照）。そのような中にあって，データベース NOW Corpus の検索により得られる次にあげる例文 (12) の場合は，well met の後ろに，そのレストランで提供される料理名を表す with 句が続いているためであろうか，受け身用法としての「（～の料理で）歓迎される」の意であることが比較的容易に推測できるように思われる。

(12) Drinkers and dancers of all dietaries are <u>well met</u> here, with vegan lasagnes and burgers, steak, buttermilk chicken, hake and three kinds of potatoes.

(Evening Standard, 3 Feb. 2023)

（この店では，飲むのを，あるいは踊るのを楽しみに訪れるどのような食事療法の客でも，完全菜食主義者用ラザーニア・バーガー，ステーキ，バターミルク・チキン，メルルーサおよび 3 種類のポテトを用意して歓迎してくれる）

2.4. 受け身表現 be met が許されない場合との比較

完了形か受け身形かの判断に困難を感ずるのは，単に be well met の場合だけでなく，修飾語としての well の付かない (be) met の場合についても起こりうることである。たとえば，千葉 (2022:

第 2 章 英語の動詞 meet の受け身用法　　61

163ff.) において，動詞 meet の持つさまざまな意味用法に応じて，
受け身用法も可能となる場合が多く見られるということを，筆者は
具体例をあげて説明しているのであるが，その中には「ともに現れ
る」「兼ね備わる」「交わる」などの意味を表す場合としてあげた次
の例文 (13a, b) が含まれている。

(13) a. 1594 T. Blundeville *Exercises* iii. i. xv. f. 147ᵛ When
the Sunne, the earth, and the Moone be met in one
selfe Diametrall line.[3]

(そのとき，太陽と地球と月が自ずから一直線状をなしてとも
に現れる)

b. 1703 P. Motteux et al. tr. M. de Cervantes *Hist. Don
Quixote* III. vi. 59　The way of Vice..is a broad Road
indeed, and down-hill all the way, but Death and
Contempt are always met at the end of the Journey.

(悪徳のたどる道は，実に広範囲に広がる道であり，ずっと下
まで下り坂となっているが，行き着く先では，常に死と侮り
とが交わることになる)

ただし，(13a, b) の例文は，むしろ，上記例文 (7a, b) と同じ
ように，完了形としての be met の例と解釈すべきであろうと筆者
は今では考えるに至っている。すなわち，後ほど説明するように，
特に複数名詞句を主語とする自動詞用法の meet の場合は，非対格
動詞の一つとして，be 動詞による完了形が可能となるので，(13a,

---

[3] 比較的古い時代の英語においては，接続詞の if や when で導かれる従属節
の中で，仮定法現在形の動詞が用いられるのはよくあることなので，例文 (13a)
の下線部 be met の be 動詞もその可能性があるが (千葉 (2013: 141ff.) 参照)，
ここでは，「複数形主語を受ける直説法動詞としての be」の用法であるとみなす
こととしたい。詳しくは，千葉 (2013: 152ff.) 参照。

b) もそのような例の一つと考えられるということである。

　どう解釈すべきか，筆者にとって今でも判然としないように思われるのは，千葉（2022: 151ff.）で取り上げた「少なくとも部分的に受け身構文と同じ過去分詞形 met からなる表現」（p. 151）の場合である。次の例文参照（（14a, b）は千葉（2022: 152）にあげた例文の再録，また（14c）は LexisNexis Academic 検索による）。

(14) a. Once, coming home from Philadelphia, he had a discussion with a man met on a train.

　　　　　　　　　　　　　　(Sherwood Anderson, *Winesburg Ohio*, 1919)

　　　　（かつて，フィラデルフィアから家に戻る途中，列車の中で出会ったある男と議論を戦わせたことがあった）

　　 b. …; and then the horror of the moment when some one told her at a concert that he had married a woman met on the boat going to India.

　　　　　　　　　　　　　　(Virginia Woolf, *Mrs. Dalloway*, 1925)

　　　　（それに，とあるコンサート会場で，ある人から，あの人がインドに向かう船の中で出会った女と結婚したことがあると聞かされた瞬間に感じたあのときの恐怖心のことも！）

　　 c. Their breaches range from racist messaging using police phones, turning up to work while drunk, developing a personal relationship with a woman met on duty and accessing police systems for "unauthorised checks."　　　　(*Bucks Free Press*, August 12, 2021)

　　　　（これら警官による違反行為の中には，職務用の携帯を用いて人種差別主義的なメッセージを送ったり，酒に酔った状態で職務に就いたり，職務中に接した女性と個人的関係をもつに至ったり，また，「許可のおりてない調査」のために警察情報

組織にアクセスする行為などが含まれている）

　上の例文では，列車内や船の上などで「偶然出会った」男や女が話題となっていることがわかる。また，データコーパス NOW Corpus の検索により得られる次のような例文も，(14a-c) と同じ種類の例と言えるであろう。

(15) a. Left unrestrained, they are inclined to simply give away vast sums of company money to <u>people met</u> at random in the street.　("The iniquity of equity," *CIO New Zealand*, 2 April 2008)

（このまま好き放題にやらせておくと，彼らは会社の多額の金を，相手かまわず通りで出会った人たちにばらまく傾向がある）

b. Reduce the number of <u>different people met</u> outside, avoid travel except for essential journeys.　("Covid shielding advice set to change for millions of people," *Liverpool Echo Newsletter*, 13 Oct. 2020)

（そこで出会う複数の人の数を制限するともに，最低限必要な旅行以外の遠出を避けること）

　ところで，「偶然人に出会う」という意味の meet の場合，次の (16a-c) に見るように，普通の形の受け身文が一般的に不自然な文になるという事実が指摘されている（千葉 (2022: 146f.) 参照）。

(16) a. *I was met by Mr. Brown yesterday.　（小西 (1980: 949)）

b. *Bill was met by John in Harvard Square today.

（久野・高見 (2017: 11)）

c. *A tall gentleman was met by Jane on the way.

（林 (1991: 236)）

ただし一方では、「人に出会う」の意味の meet を用いた受け身文の場合でも，次のように，不自然な文にならないような場合のあることを指摘できる。そのような場合の一つは，千葉 (2022: 156ff.) が次のような例文をあげて説明しているように，戯曲や映画の台本上のト書きの中に見られる受け身用法の場合である。

(17) a. [Enter GARDINER, Bishop of Winchester, a Page with a torch before him, met by LOVELL]

(Shakespeare, *Henry VIII*, V, i)

（ウィンチェスターの司教ガーディナー，たいまつを小姓に持たせて登場，ラヴェルに出会う）

b. Martha enters from right, puts money in bag, places it on top shelf. […] Marguerite enters to gate from b.g. is met by a number of children.

(Johann Wolfgang Goethe, *Faust* [Movie Script], 1926)

（マーサ，右手より登場し，バッグの中にお金を入れ，上の棚に置く。[…] マーガリート，奥手より登場し出入り口に向かい，何人かの子どもたちに出会う）

c. 181 ANOTHER SECTION OF THE ROOM—SHOOTING TOWARDS THE BATHROOM DOOR Martha enters and is met by Sam who enters from the opposite side. (John Patrick Goggan, *The Strange Love of Martha Ives* [Movie script], 1946)

（同じ部屋の別の場面——カメラ，浴室のドアを捉える）マーサが登場し，反対側から登場するサムに出会う）

さらに，人に出会うことにより，不利益や被害を受ける可能性のあるような場面を描写するときにも，meet を受け身形で表すことがある。次の例文参照（(18a-c) は千葉 (2022: 155ff.) より；(18d) は

第 2 章　英語の動詞 meet の受け身用法　　65

NOW Corpus 検索による）。

(18) a. "O, everybody knows you here; you won't need your pass." "But I can't go to Washington without it. I may be met by some surly stranger, who will stop me and plague me, if he can't do anything worse."

(Josiah Henson, *Truth Stranger than Fiction*, 1858)

（「あら，ここの人たちは誰だってあなた様のことを存じ上げています。だから，通行許可証など必要ありませんわ」「でも，それがなければ，私はワシントンに行けません。私を引き止めて私を困らせる，誰か見知らぬ，不機嫌な人に出会うかもしれません――たとえ，それ以上悪いことは何もできないとしても」）

b. "Don't you see," continued Handy, "if you are met on the street people will be likely to draw their own conclusions and regard last night's emergency illness as a fraud? […]"　(Richard Neville, *A Pirate of Parts*, 1913)

（「おわかりでしょうか」とハンディは話を続けた。「もし，あなたが通りで人に顔を見られたりしたら，きっと人は，あなたが昨夜急病だったことについて勝手な結論を下して，それじゃ，あれは仮病だったのかと思うじゃありませんか …」）

c. The Kuvasz is the best-known Hungarian breed of dog … Kuvaszok on 'sentry-go' are most unpleasant if met by strangers.

(C. L. B. Hubbard, *Working Dogs* ii. 100, 1947)

（クバーズ犬は最もよく知られたハンガリー原産の犬で…番犬の役をしているときに，見知らぬ人間に近づかれると，最も不機嫌になる）

d. Now, they have managed to quarantine a total of 36 people met by the patient—16 high-risk and 20 low-risk contacts—and ….

(punemirror.indiatimes.com; 27 June 2020)

（現在，その患者に接した合計 36 人をなんとか隔離できている――そのうち 16 人は感染の可能性の高い接触者で，20 人は感染の可能性の低い接触者である。なお …）

e. It was commonly reported that he had at one period of his life committed some terrible crime, and that, … he had fled to this distant region, where he would never be met and denounced by any former companion, and had adopted his singular mode of life by way of penance.

(W. H. Hudson, *Far Away and Long Ago*, 1918)

（一般に報じられるところによると，彼は人生のある時期，何かひどい罪を冒し，… この遠隔の地に逃れて来たとのことである。この地では，以前の仲間の誰とも決して会うこともなく，また非難されることもないであろうと思われ，昔犯した罪の償いのつもりで，彼流の風変わりな生活態度をとることを決めたのであった）

f. Had we been met walking together between Donwell and Highbury, the truth must have been suspected.

(Jane Austen, *Emma*, 1815)

（もし我々がドンウェルとハイベリーの間を一緒に歩いているところを見られたのだとしたら，本当のことを感じ取られてしまったに違いない）

g. He had a sense of being met and baffled. Always—always she had baffled him, even in those old first married days. (John Galsworthy, *The Forsyte Saga III: In Chancery*, 1922)

(彼女に会うことにより当惑させられるような感じを彼は抱いていた。常に，そう，それまで常に，彼女は彼を当惑させてきた。あの昔の最初の結婚生活においてすらそうであった)

また，会うこと自体というより，会い方に問題があり，そこから生じるある種の被害が感じ取られるような例として，次のようなものをあげることができるであろう。

(19) a. It was, in fact, the country custom to meet thus, and nothing else had occurred to him. Arabella had been met in the same way, unfortunately, and it might not seem respectable to a dear girl like Sue.

(Thomas Hardy, *Jude the Obscure*, 1895)

(事実，このような会い方をするのが田舎の慣わしであり，それ以外のやり方は彼には思いつかなかったのである。不幸なことに，アラベラはこれと同じやり方で呼び出されたのであり，スーのようなきちんとした娘の場合は，まともなやり方ではないように思われたのであろう)

b. "No," said old Jolyon. "I haven't got as far as that; and I'm not likely to, I can see that very well if I'm met in this manner!" (John Galsworthy, *The Forsyte Saga I: The Man of Property*, 1922)

(「いや，そうではない」と老ジョリオンは言った。「わしはまだそこまでは考えてない。おそらく，そういうことにはならんと思う。こんな応対を受けるんじゃ，そのことがわしにはよくわかるんだ！」)

このように，be met（by）を用いた自然な受け身文の例をかなり
の数指摘できるのに対して，上記例文（16a-c）のような場合には
どうして適格な受け身文とみなされないのだろうか。この問題につ
いては，「英語の受身文が適格となるための意味的条件」として高
見（2011）が提案している次の二つの制約（千葉（2022: 31, fn. 5）参
照）のうちの特に「受身文の状態変化制約」によって説明できる可
能性がある。

(20) a. 受身文の状態変化制約：
受身文は，動詞が表す事象が，その主語指示物を直接
対象としてなされ，その状態に変化や影響を及ぼす場
合に適格となる。(pp. 91f.)

b. 受身文の特徴付け制約：
受身文は，話し手がその主語を特徴/性格付けるときに
適格となる。(p. 98)

すなわち，上記例文（16a-c）の場合には，人との単なる出会い
の場面を受け身文で描写しようとしていると思われるので，(20a)
の制約に従っていないことになるが，(18)，(19) の場合には，人
に出会うことにより，当事者に何らかの影響が及ぶことを表そうと
しているので，その制約に合致した受け身用法となっていると言え
るであろう。

なお，高見（1995: 46）は，このような違いを表す端的な例とし
て，Bolinger（1975: 68）のあげている下記例文（21a, b）を引用し
ながら，その二つの文に見られる文法性の違いを Bolinger に従っ
て（22）のように説明しているので，ここに紹介しておこう（受け
身文が適格となるための一般的な条件についてさらに詳しくは，高見
（1995, 2011），久野・高見（2017）参照）。

第 2 章　英語の動詞 meet の受け身用法　　69

(21) a.　I was approached by the stranger.

　　 b. *I was approached by the train.

(22)　(47a)［= (21a)］では，「私」が見知らぬ人（例えば，物乞いや気味の悪い人）に近づかれて，心理的圧迫というような影響を受けていると考えられるのに対し，(47b)［=(21b)］では，プラットフォームで電車を待っている「私」に電車が近づいてきても，両者の間隔が縮まるだけで，「私」は，通例，何の影響も受けない。

　同じように，久野・高見 (2017: 16f.) は，上記例文 (16b)［=*Bill was met by John in Harvard Square today］の「by 句ジョンは，ビルにたまたまハーバードスクエアで出会っただけで，ビルに対して何も一方的におこなったりはして」いないので，この文は不適格な文となると説明している。

　興味深いことには，be met by ～ の部分からだけでは，たしかに，相手が何かを一方的に行っていないことになると言えるが，ただし，「出会った後で，相手がこちらに対してなにか被害を及ぼすような行為に及ぶ」という内容の文が後続するような場合には，その be met by ～ の部分に後続部分を合わせた文全体が自然な英語表現とみなされるという事実がある（したがって，そのような場合，(16a) のような文そのものも生きてくることとなる）ということに留意しなければならない。具体的例については，後ほど解説したい。

　以上，や特殊な状況での偶然の出会いを意味する meet の受け身用法として，二つの場合を取り上げ解説を加えた。そのうちの二つ目の場合は，上で見たように，高見 (2011) が提案している制約によりうまく説明できると思われる。ただし，一つ目の場合，すなわち，戯曲や映画の台本上のト書きに見られる受け身用法の場合は，

(20a, b) のいずれの制約にも該当しないと思われる。

2.5. 受け身用法の許されるさらなる場合

　同じように問題となりそうな受け身用法の一つとして，次のような場合を指摘することができるであろう。すなわち，人に出会うことにより，不利益や被害（あるいは逆に利益や恩恵）を受けるとは必ずしも言えない，いわば単なる出会いを表しているとも受け取られるような be met の受け身用法も実際には見出されるようである。次の例文参照（(23a, b) は Google Books 検索，(23c, d) は LexisNexis Academic 検索による）。[4]

(23) a. This was a lady who possessed an unparalleled temperament coupled with an indisputable physical endowment which made people look at her more than once whenever she was met.

　　　　　　　　　　　　　(J. A. Adeyemi, *Battle for Supremacy*, 2007)

　　　（この女性は，並ぶもののないくらい気性が激しい上に，彼女の姿を見るといつでも人は一度ならず彼女をじっと眺めてしまうほどの，紛れもない身体的素質にも恵まれていたのであっ

---

[4] 林 (1991: 240) は，本文の (20a, b) に見られるような，「影響」「特性」「特徴づけ」などの概念を用いた条件や制約によりすべての受動態を統一的に説明しようとするのは無理があるということを指摘している。問題となるような例として，特に次のようなごく普通の受動文の場合，「影響」「特性」がどう関与するのか明らかでないと述べている。

　(i) a. A loud voice was heard a moment ago.
　　　b. English is spoken in Canada.
　　　c. Mary is followed by John in the line.

本文中の例文 (17), (23) などの場合も，そのような例の一つと言えるかもしれない。

第 2 章　英語の動詞 meet の受け身用法　　71

た)[5]

b. The camp was organized by a mixed group of youth workers, who devised a playful situation whereby children were met every morning by a fairy who spoke an alien, fairy language.

(Vally Lytra (ed.), *When Greeks and Turks Meet*, 2016)

(そのワークショップは若い参加者たちの混成集団により準備された。彼らは，子どもたちが毎朝，異国の妖精語を話す一人の妖精に出会うというおどけた状況を考え出したのである)[6]

c. In another gross misconduct hearing on February 8, it was discovered that a constable sent an inappropriate picture to a child who was met through the officer's duties. (*Messenger Newspapers*, 28 June 2021)

(職務を通して出合った子どもに不適切な写真を送った巡査が

---

[5] このような場合の meet の意味は「出会う」というより，「姿を見かける」というほうがより適切であるかもしれない。同じような例として，すでにあげた本文中の例文 (18b) の他に，次の例文参照。

(i) CORDELIA

Alack, 'tis he! Why, he was met even now,

As mad as the vexed sea, singing aloud,

Crowned with rank fumitor and furrow-weeds, ...

(Shakespeare, *King Lear*, IV. iii)

(コーディーリア　ああ，お父さまですそれは。たった今も見かけた者がいる，海のように荒れ狂い大声で歌を歌っていたとか，頭に被った冠は伸び放題のカラクサケマン，あぜ道の雑草，...)[大場健治訳]

[6] この例文は，本文の 2.4 節で解説したように，戯曲や映画の台本上のト書きの中で，「～と対面する」「～と顔を合わす」「～と出くわす」を指示する英語表現として be met by の受け身表現が用いられることを思い起こさせるかもしれない (例文 (17a-c) 参照)。

いたことが，2 月 8 日に行われた別の重大な職務濫用公聴会
において判明した）

d. Grass was beginning to poke through melting snow
   when Long Chase reached our winter camp. He
   emerged from a cloud of horses and was met by Fa-
   ther La Frambois, out for a stroll. My brother walked
   past him, numbly discourteous, and when the priest
   moved towards the body the ponies dragged behind
   them on a bed of furs, Long Chase caught his arm.

   (Susan Power, "Snakes," *The Paris Review* 36(130), 1994)
   （溶け始めた雪の中から草が顔を出す頃，ロング・チェイスは
   私たちの冬のキャンプ地に辿り着いた。彼が馬の群れの中を
   抜け出したところで，散歩中のラ・フランボア神父に出会っ
   た。私の兄ロング・チェイスは，ぼうぜんとして，ぶしつけ
   にも神父のそばをそのまま通り過ぎ，毛皮のベッドに寝かせ
   てポニーに引かせた死体に神父が近寄ったとき，兄は神父の
   腕をつかんだ）

さらに，英語表現 be met at the pier / airport / station by … やそ
れと類似の表現が，下にあげる例文 (24a, b) が示すように，「桟
橋，空港，駅などで人に出迎えられる」という意味を表す表現とし
て日常的に用いられることについては，英語学習者にも比較的よく
知られた英語の事実と言えるであろう（例文 (24c) は ProQuest, Lit-
erature Online 検索による）。

(24) a. They were met at the pier by Baron de Cartier, Bel-
       gian Ambassador, and Alexander J. Hemphill, the
       banker.   (*The New York Times*, 10 May 1920)
       （一行は桟橋で，デカルティエ男爵，ベルギー大使ならびに銀

第2章　英語の動詞 meet の受け身用法　　73

行家アレクサンダー J. ヘンプヒル氏の出迎えを受けた）

b. Arriving by aeroplane, his Royal Highness <u>was met</u> <u>by Lord Bathurst and Lord Apsley,</u> with whom he lunched at Cirencester Park.　　(*The Times*, 2 Aug. 1933)
（飛行が到着すると，皇太子はバサースト卿とアプスリー卿の出迎えを受け，サイレンセスター・パークで二人と昼食をともにされた）

c. Des [Desmond John Ball（1947-2016）] had never been to a university campus or spoken to an academic.　When he arrived at the train station, he <u>was met</u>— accidentally but auspiciously—<u>by Colin Plowman,</u> who was then the Registrar of the School of General Studies.　　("Obituary by Nicholas Farrelly," *Life Celebrations: ANU Obituaries* 2000-2021)
（［入学許可が降りたばかりの 18 歳の］デズはそれまで大学のキャンパスに行ったことも，大学教員に話しかけたこともなかった。列車がキャンベラ駅に到着したとき，当時，オーストラリア国立大学一般教養学部学籍担当事務官だったコリン・プロウマンによる出迎えを，デズとしては思いがけず，でも幸先よいことに，受けることとなったのである）

例文 (24c) について説明を加えておこう。デズは，おそらく特待生として大学入学許可となったので，わざわざ大学側が駅で彼を出迎える人を派遣したものと思われる。ただし，副詞句 accidentally が用いられていることからもわかるように，デズのほうからすれば，偶然に大学関係者に駅で出会った格好になっている。このように，駅などで人を出迎えるような場合には，相手に知らせずに出迎えることもありうるであろう。

興味あることに，これと同じようなことが「出迎える」の意味の meet の能動態としての用法の場合にも見られるようである。すなわち，千葉 (2022: 26f.) でも紹介したように，Kuno (1987) は，次のような例文をあげながら，「meet の主語は［人を出迎えることに関する］arrangement にかかわっている必要があるが，いっぽう，目的語はその必要がない」(p. 299, note 9) と説明している。

(25) a. Mary met John at the airport as arranged, and he looked really surprised to see her there.
（手筈どおり，メアリーは空港でジョンを出迎えたが，メアリーがそこにいるのを見てジョンは大いに驚いた様子だった）

b. *John met Mary at the airport as arranged, and he looked really surprised to see her there.

また，「出迎えを受ける」や「迎えられる」場所としては，桟橋，空港，駅以外にも，いろんな場所が考えられる。次の例文を参照。

(26) a. Seeing the word "cancer" on the wall at Holy Name Hospital's treatment center was a startling reality. But almost immediately trepidation became trust. "I was met by a woman with the most beautiful smile who put me at ease." She later learned the woman was a breast cancer survivor herself.

(*The New York Times*, 25 March 2007)

（ホーリーネーム病院の治療センターの壁にある「癌」という言葉を目にするのは，驚きを覚える現実であった。しかしながら，不安の気持ちはほとんどすぐに信頼へと変わっていった。「私は最高に美しい微笑みを浮かべた女性に迎えられて，心の休まるのを覚えた」と彼女は語っている。その女性自身

第 2 章　英語の動詞 meet の受け身用法　　75

が乳癌を乗り越えたことを彼女は後で知ったのだった)

b. Alfonso Soriano, center, <u>was met by Geovany Soto</u> after hitting his first homer since July 29 in the Cubs' 5–2 win over the Mets.

(The New York Times, 29 Aug. 2009)*

([写真の説明] カブズがメッツを 5 対 2 で破ったその試合において，アルフォンソ・ソリアーノ（中央）が 7 月 29 日以来初のホームランを放った後，ジョヴァーニ・ソートーに迎えられる)

c. After safely passing through dangerous forests ..., I stopped at Hessen-Darmstadt. Here I <u>was met by a dear sister</u>, married at Oppenheim, a town on the left bank of the Rhine, whom I had not feen for eleven years.　[feen = seen]　*(Wesleyan-Methodist Magazine: Being a Continuationof the ...*, 1814; Google Books)

(危険な森の中を無事通り過ぎたのち […]，私はヘッセン・ダルムシュタットに滞在した。この地では，私の妹——ライン川左岸の街オッペンハイムで結婚し，その後 11 年の間会っていなかった我が懐かしの妹——が私を迎えてくれた)

d. Then the duke laid aside his friar's habit, and in his own royal robes, amid a joyful crowd of his faithful subjects assembled to greet his arrival, entered the city of Vienna, where he <u>was met by Angelo,</u> who delivered up his authority in the proper form.　(Charles and Mary Lamb, *Tales from Shakespeare*, Measure for Measure)

(それから公爵は，修道士の衣服を脱ぎ，領主としての職服に着替え，彼の到着を迎えようと忠実な領民たちがよろこびに

満ちて大勢集まった中を，ウィーンの街中へと足を踏み入れた。そこでアンジェロに出迎えられ，正式に職権を明け渡された）

　日本語の「出迎える」は，ふつう「出かけて行って人を迎える」という意味であろう。上記例文 (26) のような場合は，かならずしも，そういう意味での be met by 〜 の用法とは限らないと思われるので，日本語訳としては，適宜，単に「〜 に迎えられる」とすることが考えられる。

　ところで，上記例文 (23a–d) は，上で述べたように，「いわば単なる出会いを表しているとも受け取られるような be met の受け身用法」の例であるが，いずれも現代英語の例である。現代英語においては，このような受け身用法の例の使用頻度は高くないかもしれないが，筆者の行ったデータ検索の経験では，少なくとも 17–19世紀の英語においては，同種の使用例を見出すのはさほど困難ではないような印象を受ける。筆者がこれまでに収集した例の中から，次にいくつかあげてみよう。

(27) a. …, he refused the streetes, and tooke his passage alongst the riuer side to a bridge called Pons Laurentij, which directly carried him into the Abbey. But in the way (as it fortuned) he was met by the owner of the same, who for his pleasure came walking by the same passage to the Hallyerds, to take accompt of his seruants labours, and to see his houses and cattell. (Anon, *Dobsons Drie Bobbes* (*Dobson's Dry Bobs*), ca. 1607)

（彼は街中の通りを歩かずに，目的地の大寺院に直接通ずるローレンティー橋と名のついた橋に向かって川岸に沿った道

第2章　英語の動詞 meet の受け身用法　　77

を歩いて行った。ところが，途中偶然にも，その寺院の主人に出会うこととなった。その主人は，使用人たちの働きぶりを見ると同時に，家屋の様子や家畜の具合を見るために，楽しみごととして，ハリヤーズ農場へ通ずる同じ道をこちらに向け歩いてきたのであった）

b. I therefore directed my steps towards Thornhill-castle, …: but before I had reached his seat, I was met by one of my parishioners, who said he saw a young lady resembling my daughter in a post-chaise with a gentleman, whom, ….

(Oliver Goldsmith, *The Vicar of Wakefield*, 1766)

（そこで私はソーンヒル城へと歩き出したのだが，彼の屋敷に到着する前に，私の教区民の一人に出会ったのである。彼の言うには，私の娘に似ていて，一人の紳士と一緒に4輪馬車に乗った若い女性を見かけたとのことである。その紳士というのは，おそらく …）

c. Last Friday a Gentleman riding along the Surrey road, was met by a man who had the appearance of a farmer, who said, Sir, I have just been robbed; if you have any property, you had better secure it; ….[7]

(*The Times*, 10 Jan. 1787)

---

[7] この例文は，18 世紀後半に発行された The Times の中の記事なので，原文では，まだ古い時代の綴り字 Laſt, ſaid などが用いられていたが，ここでは，それぞれ，Last. said などの現代英語風つづり字変換を加えてある。なお，この例文内容は詐欺事件を扱った記事なので，詐欺師のほうからすれば，誰かいい鴨（かも）に出くわさないか待ち受けていたことになるが（後に本文の 2.7 節で取り上げる例文 (47a–d) 参照），物語の展開から言えば，主人公が「通りでばったりある人物と出会う」場面を描写した表現となっているので，該当例であると言って差し支えないであろう。

（先週の金曜日のこと，一人の紳士がサリー通りを馬に乗って進んでいくと，農夫らしき男に出会った。その男の言うには，「旦那，あっしは今しがた金品を奪われてしまったんです。旦那が何かかなめのものをお持ちでしたら，しっかり身につけておいでなさいまし」…）

d. I was one day walking in the Palais Royal, with an English gentleman; I was met by a particular friend of mine, a Mr. Caspard Meyer, ex Dutch Ambassador at Paris …. (*The Antijacobin Review and the True Churchman's Magazine*, p. 133, 1810; Google Books)

（ある日私は英国紳士と一緒にパレ・ロワイヤルの建物の中を歩いていた。すると，カスパール・メイヤーという名の私の特別な友人で，もとのパリ駐在オランダ大使に出会った …）

e. The herdsman remaining much longer behind than I expected, I was riding back to meet him, when I was met by two Tartars. I enquired if they had seen a boy upon a grey horse. (Sir Richard Phillips, *New Voyages and Travels: Consisting of Originals*, …, p. 28, 1819; Google Books)

（その牛飼いは私が思ったより長時間後方に止まったままなので，私は彼のもとへと馬を走らせた。その途中，二人のタタール人に出会ったので，あし毛の馬に跨った少年を見なかったかと尋ねた）

f. A distinguished Chicago editor was met by a friend the other day on State-street. "What's the matter?" asked the friend. "You look sad."

(*The New York Times*, 17 Aug. 1884)

（先日のこと，ある著名なシカゴの編集者がステート通りで一

第 2 章　英語の動詞 meet の受け身用法　　79

人の友人に出会った。その友人は次のように尋ねた。「悲しそ
うな顔して，いったいどうしたんだい」)

g. On an evening in the latter part of May a middle-
aged man was walking homeward from Shaston to
the village of Marlott, …. Presently he <u>was met by an
elderly parson astride on a gray mare</u>, who, as he
rode, hummed a wandering tune. "Good night t'ee,"
said the man with the basket. "Good night, Sir John,"
said the parson.

(Thomas Hardy, *Tess of the D'Urbervilles*, 1891)

(5 月後半のある夕方，一人の中年の男がシャストンからマー
ロット村へ帰宅の足をすすめていた …。やがて，灰色の雌ロ
バにまたがり，調子っぱずれで鼻歌を歌いながら道を行くあ
る年配の牧師に出会った。「こんばんわ，牧師様」と籠を持っ
た男は言った。「こんばんわ，サー・ジョーン」と牧師は言っ
た) [千葉 (2022: 158) の例文 (8g) の再録]

h. …; then, coming out thence, she determined to go
home. But she <u>was met</u> on her road <u>by a Gentleman</u>
who was Sháhbandar of the Trader-guild, and he see-
ing her set his affections upon her; […] As she neared
her home she <u>was met by a Butcher</u> whose heart in-
clined to her, so he addressed her saying, …. (*Arabi-
an Nights*, Vol. XV, Supplemental Nights to *the Book of the
Thousand Nights and a Night*, Translated and annotated by
Sir Richard F. Burton, 1888; Google Books)

(それからそこを出ると，彼女は家に帰ることにした。しかし，
途中で一人の紳士に出会った。それは交易同業組合のシャー
バンダル (港湾長官) であった。彼女を見て彼は好意を持っ

た。[...] 彼女が家の近くまで来ると，肉屋に出会った。彼女に心惹かれた彼は次のように話しかけた）

i. ... and, concealing the bandbox in his smock, the gardener beckoned to Harry and preceded him in the direction of the house. Near the door they <u>were met</u> <u>by a young man</u> evidently in holy orders, dark and strikingly handsome, with a look of ....

(R. L. Stevenson, *New Arabian Nights*, 1882)

（庭師はその帽子箱を仕事着の中に隠しながら，ハリーに手招きをして家のほうへ先導した。入り口近くで二人は，黒髪をしたとてもハンサムで明らかに聖職者だとわかり ... の目つきをした青年に出会った）

これらの例文に共通して見られる点を指摘するとするならば，2.4 節の例文（16a-c）（すなわち，それぞれ *I was met by Mr. Brown yesterday, *Bill was met by John in Harvard Square today および *A tall gentleman was met by Jane on the way）などの場合と異なり，少なくとも受け身文の主語によって表されている当事者の立場からすると，「偶然，ばったりと相手に出会った」に過ぎないと思われるその出会いのいきさつや顛末についての情報が，部分的にでも読み取ることができるような描写がなされている，ということであろうか。

ただし，問題の受け身表現によって語られている事柄が生ずるその「いきさつ」については，ふつう先行文脈やその受け身表現を含む文そのものによって示されていることが多いので，問題となるのは，むしろ，その受け身表現に続く部分の言語表現で語られる，その後の物語展開についての情報であろう。あるいは，出会った相手の身なりや様相などが描写されている場合も，そのような情報の一

つとなりうるであろう。

　なお，問題となるのは，「いきさつ」に関する情報よりも，後続文脈における情報であろうと考える理由は，上に再録した三つの不自然な受け身文の中にも，「いきさつ」についての情報は含まれていると考えられる（にもかかわらず，これらの文は，そのままでは不自然な文だと受け取られる）からである。

　ここで触れた事柄については，さらなる該当例とともに，後ほど2.7 節において再び取り上げることとしたい。

2.6. 「名詞句＋過去分詞形 met」の解釈をめぐって

　ここで，2.4 節の例文 (14)，(15) について，上で触れた問題に戻って話を進めたい。その問題というのは，例文 (14)，(15) に見るように，「名詞句＋過去分詞形 met」の表現が「偶然人と出会う」の意味の meet の受け身文のように感じられるのであるが，一方では，上記例文 (16a-c) のような普通の受け身文の場合は，一般的に不自然な文となるという問題である。すなわち，そのような，もともとの姿の受け身文から，「関係代名詞＋be」の部分を省略することによって (14)，(15) のような文が生成されるという説明（これは，他動詞の場合，ふつう一般的に当てはまる説明方法である）が，「偶然人と出会う」の意味の他動詞 meet の場合には当てはまらないということを意味するのであろうか。

　そこで，その「もともとの姿の受け身文から『関係代名詞＋be』の部分を省略する」説明方法がどのようなものかについて次にまとめてみよう。名詞句の直後に過去分詞形が続く構文に用いられる動詞の種類としては，次の例文 (28a-d)（千葉 (2021: 62) より）に見るように，他動詞であることが多い。

82

(28) a. the questions raised（持ち上がった疑問点）

    b. the people involved（かかわりのある人々）

    c. the approach taken（用いられた手法）

    d. those polled（世論調査の対象となった人々）

　他動詞の過去分詞が用いられていることから，これらの表現は受け身文的解釈を受けることも理解できるであろう。[8] 興味あることには，自動詞の中にも，特に非対格動詞の場合には，下記例文 (29)（千葉 (2021: 63) より）に見るように，このような構文を用いるいくつかの動詞があることを指摘できる（2.5 節で取り上げた例文 (26d) の中の "his faithful subjects assembled to greet his arrival" の部分もこれに加えることができる）。

(29) a. The train arrived at platform 4 is the delayed 8.28 for London Euston.

      （4 番線に到着しました列車は，遅れていました 8 時 28 分発ロンドン・ユーストン行きの列車です）

    b. The vice squad arrested a businessman recently returned from Thailand.

      （風俗犯罪取締班は最近タイより帰国した会社員を逮捕した）

    c. Several facts recently come to light point to his guilt.

      （最近明るみになった幾つかの事実が彼の有罪を指し示している）

    d. Dozens of people gathered at the scene helped put body parts into blankets.

      （現場に集まった何十人もの人たちが，（飛び散った）死体の

---

[8] ただし，普通の受け身文の場合と (28) のような表現とでは，意味の違いが見られることがある。詳しくは，安井・秋山・中村 (1976: 40ff.) 参照。

部分を毛布の中に入れるのを手伝っていた)

例文 (29a-c) は Radford (2009: 252) から引用したものである。Quirk et al. (1985: 1265) によると, (29a) の文と類似した下記例文 (30a) は, (30b) と比べてかなり不自然な文であることになる。ただし, 例文 (31a, b) のように, ある種の副詞を伴う場合は, 例外的にこのような自動詞による構文も許されると Quirk et al. は説明している。

(30) a.?*The train arrived at platform 1 is from York.
　　 b. The train which has arrived at platform 1 is from York.

(31) a. The train recently arrived at platform 1 is from York.
　　 b. A man just {gone to India/come from the meeting} told me about it.

上記例文 (28), (29) に共通点を見出すとすれば, いずれも, 「関係代名詞＋be＋過去分詞」のうちの「関係代名詞＋be」の部分が省略されて, 過去分詞形動詞だけが残ってできた表現のように見えるということであろう。ただし, 省略されないもとの姿と考えられる「関係代名詞＋be＋過去分詞」のうち, 「be＋過去分詞」の部分の持つ文法的働きには違いがある。すなわち, (28) の場合は受け身用法であるのに対し, いっぽう, (29) の場合は完了形用法であるという違いである。さらに, 省略されないもとの姿のまま用いる用法としては, 前者の場合はごく普通に見る表現と言えるが, 後者の場合は, 少なくとも現代英語としては, そのように用いることのできる動詞の数が限られているという違いを指摘できるであろう。そこで, 上に指摘した共通点に焦点を当て, 「関係代名詞＋be」省略の規則を考えることにより, ある種の一般化が成り立つように思える

ので，これを，文法規則の一部として考えてもいいかもしれない。

　特に注意しなければならないのは，自動詞（厳密には非対格動詞）としての meet の場合である。[9] すでに指摘したように，meet は 2.3 節において (6) としてあげたリストの中にも含まれている。このリストは，中英語から初期近代英語にかけて，be 動詞による完了形がかなり広く用いられていたことを示す一群の自動詞の例である。特に，少なくとも，「集う，一堂に会する」の意味の meet の場合には，上記 (8) のような現代英語の例文の中においても用いられることがある。このような意味を表す自動詞の meet には，したがって，そのような意味と矛盾することのないよう，取りうる主語は複数を表す名詞句でなければならないという制限があることになる（例文 (7a, b) 参照）。つまり，複数を表す名詞句を主語とする自動詞の meet であれば，非対格動詞の一つとして，be 動詞による完了形が許されることになる。

　さらに，上で提案した一般化した「関係代名詞＋be」省略の規則を適用した結果，次の例文 (33a) に見るような「名詞句＋過去分詞形 met」の表現の例，あるいは，(33b) に見るように，when（または if）節の「名詞句主語＋be 動詞」の部分が省略されてできた when met（または if met）のような表現の例が得られることにもなる（例文は，いずれも千葉 (2022: 176f.) に引用されている OED Online からの例文の再録）。

(33) a. 1908 *Official Programme 18th May Music Festival, Cincinnati* 32　The fire fair-blazing lets him see In friendly circle met, Full many a kind and cheerful guest.

---

[9] 自動詞用法の meet を非対格動詞の一つとみる考え方については 1.5 節参照。

第2章　英語の動詞 meet の受け身用法　　85

（その炎の美しく赤々と燃える輝きにより，そこに集っている
友好的な仲間の輪の中に，あまたのうれしそうな客人たちの
姿を彼は認めることができる）

b.　1889 *Cent. Dict., Electoral College*　a name informal-
ly given to the electors of a single State, <u>when met</u> to
vote for President and Vice-President of the United
States, and sometimes to the whole body of electors.

（「（大統領・副大統領）選挙団」は，アメリカ合衆国大統領と
副大統領を選ぶために集まった，一つの国家の選挙人たちを
指す非公式の名称であるが，ときに，選挙人集団を一般的に
呼ぶときに用いられることもある）

　それでは，主語が単数名詞句の場合は，どのような文法的解釈が
考えられるかということになるが，その場合は，当該の be met を
受け身表現として扱うことが残された道であるということになる。
もしそのような扱いが事実可能だとするならば，同じ省略規則の適
用により，「名詞句＋過去分詞形 met」あるいは，when met, if
met の表現が得られることになる。すなわち，受け身用法の場合に
は，主語名詞句の単数・複数の違いは問題とならず，上記例文
(14), (15) に見るように，どちらの場合にも省略規則が適用可能
となることに注意したい。

　ただし，例文 (16a-c) のような受け身文が一般的に許されない
とするならば，次のような問題にぶつかることになる。すなわち，
問題の省略規則の適用対象となるはずのもともとの受け身文自身
は，そのまま普通の表層文として用いることは許されないという問
題である。この問題に対処する方法としては，次の二つが考えられ
るであろう。まず第一の方法は，meet の受け身文の場合，問題の

86

省略規則が義務的に適用されると考える方法である。[10]

　第二の方法は，例文 (14)，(15) の下線部およびそれに続く部分からなる表現，すなわち，たとえば，a man met on a train / a woman met on the boat going to India を受け身表現とは解釈せず，むしろ，それぞれ，a man who he met on a train および a woman who he met on the boat going to India のような意味を持った表現と捉え，who he の部分が省略された結果，短縮された表現が得られるとみなす方法である。

　この二つの方法のうち，第一のものは，たとい，義務的規則であるという条件を付け加えることになるとしても，受け身表現に一般的に当てはまる性質を持った省略規則に訴えるという記述方法は崩していないという点で，言語学的に見て，第二のものより望ましいと言えるように思える。それに対し，第二のものは，一般的には当てはまらない特殊な省略規則を持ち出すという点で，よりアドホックな方策だと言えるであろう。

　ただし，一方では，次のような問題も考慮すべきであろう。すなわち，ふつう他動詞に分類されることの多い，「人に出会う」の意味の meet ではあるが (1.5 節参照)，その過去分詞形 met からなる上記の表現 a man met on a train / a woman met on the boat going to India を受け身表現の一種と捉えるのは，はたして，現代英語の母語話者の脳・心の中に習得されている文法の中身，したがって，そこから得られる現代人の言語直観を正しく言い当てていると言えるだろうかという疑問も残る。現代英語の母語話者は，むしろ，上に紹介した第二の方法に従ったようなやり方で，無意識のうちにこ

---

[10] 生成文法研究の初期時代には，たとえば Chomsky (1957) に見るように，変形規則を義務的なものと任意的なものとに分類する方向で研究が進められていたのを思い起こす読者もおいでのことであろう。

第 2 章　英語の動詞 meet の受け身用法　　87

れらの表現を捉えているのではないかとも思われる。

　筆者がこのような推測にかられるのは，現代英語において，上記
例文 (16a-c) のような受け身文が一般的に不自然な文になるとい
う事実の他に，たまたまであろうか，日本語の「会う」や「出会う」
を当てはめて考えた日本語の受け身表現（たとえば，「会われる」
や「出会われる」）においても，不自然さが拭えないということに
も強く影響されているようにも思われる。[11] ただし，英語と日本語
の受け身表現を機械的に比較するのは，少々乱暴なやりかたである
ので，これは説得力の欠けた言い訳に過ぎないかもしれない。とい
うのも，この論法でいくと，上記例文 (23)，(27) のように実際は
自然な英語の受け身表現の場合も，「不自然な」文であるというこ
とになりかねないからである。英語の他動詞 meet と日本語の「〜
に出会う」とでは，受け身転換が可能かどうかに関し，大きな違い
があるように思う。

　注 11 にあげた被害の受け身表現「会いに来られる」と同じよう
に，「出会わされる」というような（使役用法を伴った）被害の受
け身表現は考えられるであろう。ただし，例文 (23)，(27) のような
英語の受け身表現の場合には，必ずしも「被害」の意味は込められ
ていないことに注意。日本語の自動詞で，被害の意味を持たない受
け身表現の例として，まれに見る用法ではあろうが，次のようなも
のをあげることができるかもしれない。

(34)　死復活というのは死者その人に直接起る客観的事件ではな
　　　く，愛に依って結ばれその死者によっては<u>たらかれる</u>こと

---

[11] 「被害の受け身」用法の一つとしての「会いに来られる」は可能。次の例文
参照。
(i) a.　そんなにしょっちゅう会いに来られたんじゃかなわんなあ。
　　 b.　夜中に会いに来られちゃ困ります。

を，自己において信証するところの生者に対して，間接的に自覚せられる交互媒介事態たるのである。

（田辺元「メメント モリ」藤田正勝編『田辺元哲学選 IV：死の哲学』岩波書店，2010）

まれに見る受け身用法と言えば，「仕事をする」に対応する，被害の意味を伴わない受け身表現としての「仕事をされる」を目にすることがある。次の例参照。

(35) a. 変形したバネに物体をつけるとバネの弾力性により<u>物体が仕事をされて</u>運動エネルギーが増す。(NHK テレビ「高校講座 物理基礎」(2022 年 9 月 8 日)) [出演者のセリフとしてだけでなく，テロップの文字でも同じ内容が示される]

b. 物体に複数の力がかかる場合には，それぞれの力についての仕事を考えることができる。ある物体 A が別の物体 B から力を及ぼされながら物体 A が移動した場合には「物体 A が物体 B から<u>仕事をされた</u>」，または「物体 B が物体 A に仕事をした」のように表現する。[…] しかし物体 B が物体 A に仕事をするときに，物体 B は物体 A から逆符号の<u>仕事をされている</u>とは限らない。　　　　　　　（ウィキペディア「仕事 (物理学)」）

この例文は，いずれも物理学における「力」に関する解説の中に見られるものである。念のため，英語版 Wikipedia: Work (physics) の解説を見ると，(36) に示すように，該当箇所の表現が受け身形となっているのがわかる。

(36) For example, when a ball is held above the ground and then dropped, <u>the work done</u> by the gravitational force on the ball as it falls is equal to the weight of the ball (a

第 2 章　英語の動詞 meet の受け身用法　　89

force) multiplied by the distance to the ground (a dis-
placement). When the force F is constant and the angle
between the force and the displacement s is θ, then the
work done is given by: $W = Fs \cos \theta$

　日本語の場合には，筆者には不自然に感じられるこの「仕事をさ
れる」や「された仕事」という表現（cf.「仕事がなされる／なされた
仕事」）は，英語を直訳したものとしてではなく，物理学の世界で
は，自然な日本語として通用しているのであろうか。

　少なくとも日常語として用いるときには，「（仕事を）される」は，
ふつう次の例に見るように，「被害の受け身」として解釈されるの
ではないだろうか。

(37)　a.　そんなことされたらかなわんな。

　　　b.　何もしないで，のんびりしていなさいよ。あなたに仕
　　　　　事をされたら，私が困るのよ，よくって。

　日本語において，能動態の文に対する受動態の文が不自然になる
場合とは逆に，対応する能動態が欠けているような受動態表現があ
ることが知られている。たとえば，「（悪夢に）うなされる」「（彼女
の魅力に）魅せられる」「（火事で）焼け出される」「（名人と）うた
われる」「うちひしがれる」「けおされる」「とらわれる」などである
（松岡弘監修『初級を教える人のための 日本語文法ハンドブック』p. 296）。

　ただし，「（悪夢に）うなされる」については，まれな例であると
思われるが，能動態の「うなす」を用いた次のような例を指摘する
ことができる。

(38)　［先生は］少なくともその仕事をしてしまうまで生きてい
　　　たかったと見ることである。［…］しからばその仕事とは
　　　何であるか。最も直接にいえばそれは先生が 188 回まで

書きかけた『明暗』である。先生が最初に血を吐かれた日
の夜，あれほど鮮かな空想をもってあれほど書き進んだ
『明暗』は，きっと寝ていても先生の眼に憑いて先生を魘
すだろうと，W と話し合った。(阿部次郎『新版合本 三太郎
の日記』角川学芸出版，2008, p. 392)

　上で「先生」とあるのは夏目漱石のことである。この箇所は，夏
目漱石臨終のときの言葉とされる「早く注射をしてくれ，死ぬと困
るから」について，著者阿部次郎が説明しているくだりである。

　ここで英語の meet の用法に戻って話を先に進めることにしよう。
すなわち，上記例文 (14), (15) に用いられている a man met on a
train / a woman met on the boat going to India などの表現の文法
的解釈についてである。上では，これらの表現を英語の母語話者が
a man he met on a train / a woman he met on the boat going to
India のように解釈する可能性を考えてみた。ただし，一方では，
次のような事実に接すると，a man met on a train / a woman met
on the boat going to India のような表現の場合も，受け身文とし
て捉えられているのかもしれないという思いを拭い去ることができ
ないというジレンマに陥ることになる。

　まず，上記の表現は，新聞の見出しなどでは，語数を節約するた
めであろうか，よく見る表現であるということを指摘することがで
きる（次の例文 (39a-c) 参照。例文は，いずれも LexisNexis Academic
検索による）。

(39) a. THAT LONG OCEAN TRIP: All Kinds of People
         Met On 10,000-Mile Cruise To Chile and Back
                                (*The New York Times*, 11 May 1941)
         （かくも長き航海──チリまでの往復 1 万マイルの船旅で出会っ
         たあらゆる種類の人々）

第 2 章　英語の動詞 meet の受け身用法　　91

    b.　Visitors Marvel at Rockies, Niagara, Super-Markets and <u>People Met</u> Along Way

                                        (*The New York Times*, 14 July 1950)

      （訪問客はロッキー，ナイアガラ，スーパーマーケットや道中出会う人々に驚嘆す）

    c.　Three men charged after allegedly robbing <u>people met</u> online　　　　　(*Legal Monitor Worldwide*, 15 June 2022)

      （ネット上で知り合った相手を呼び出し，クレジットカードなどを盗んだとされる罪で 3 人の男起訴される）

　ただし，中には次の例文に見るように，普通の関係詞節による表現を用いた見出しとなっていることもある。

(40)　<u>People Who Were Met</u> Along the Way

                                     (*The New York Times*, 2 Nov. 1958)

    （途中出会った人々）

　この場合は，下線部を people met のような簡略的表現にすると，「人々が出会った」の意味（すなわち，自動詞 meet の過去形としての met）にとられる恐れがあるので，上のような表現になったのであろうと推測される。また，完了形の be met としての間違った解釈「そこに集った人たち」の可能性については，後続の副詞句 along the way により防げるので，そのように解釈される恐れもないと判断されることになる。なお，この見出しに続く本文の中では，興味深いことに，"..., and what this journey meant to <u>those met along the way</u>" のような簡略的表現になっているのであるが，これは，詳しく説明を加えた解説記事そのものの中での英語表現なので，誤解を招く心配はないと判断されたためであろうと思われる。

92

　さらに，このような普通の関係詞節の形をとった表現は，*The New York Times* の本文中の記事の中にも見出すことができることが，次のような例からもわかるであろう（（41b, c）は非制限用法の場合なので，簡略的表現にはならないことに注意）。

(41)　a.　On every side, in whatever direction we turn, there are tourists by the thousands—old people, with gray hair, on whom Time has set his mark for many years, and whose traveling reminds one of the story of the old priest who was met touring the Alps.

　　　　　　　　　　　　　　　　（*The New York Times*, 8 Feb. 1900）

　　　　（どの方角を向いても，いたるところに無数の旅行者の姿を見かけることができる。白髪混じりの老人たちの姿には，長く生きてきた年齢の影が刻まれ，また彼らの旅の様子を見るにつけ，アルプス旅行をしていた年老いた牧師に出会ったとき，その牧師が私に語ってくれた話を思い出す）

　　　b.　Lopez did not have any great amount of money, he announced, so they suggested that he pawn his diamonds. He raised $365 and turned it over to a "Mr. McDougal," who was met at a second cigar store.

　　　　　　　　　　　　　　　　（*The New York Times*, 22 Jan. 1905）

　　　　（自分には大金の持ち合わせはないとロペスが知らせると，それなら，所有しているダイアモンドを質に入れてはどうかと彼らは持ち掛けた。365 ドルを調達した彼は，2 番目のタバコ店で出会ったマクドゥガルと名乗る男にそれを渡した）

　　　c.　One bitter cold night last Winter a party of gentlemen passed in Chatham-street a demented-looking man, who was wandering about almost entirely naked. An

officer, who was met a few blocks further up the
street, declined to go to the sufferer's assistance, as
his post did not extend to where the poor fellow had
been seen.　　　　　　　(*The New York Times*, 19 Mar. 1882)

（去年の冬の寒さの厳しいある夜のこと，チャタム通りで，紳
士の一行が認知症を患っているかに見えた一人の男とすれ
違った。その男は，ほとんど丸裸で通りをさまよっているの
だった。通りの先を数ブロック行ったところで出会った警官
に事情を話すと，自分の受け持ち区域は，先程一行がそのあ
われな男に出会った場所から外れているということで，その
受難者救助に駆けつけることを拒むのであった）

　上で説明したような事実を基に考えると，問題の表現 a man
met on a train / a woman met on the boat going to India のような
場合も，これを受け身表現として英語母語話者が理解しているので
あろうという推測に導かれることになる。
　さらに，このことを補強する材料として，次のような事実を指摘
することができる。すなわち，次の例文に見るように，過去分詞形
met が see, love など他の他動詞の過去分詞と一緒に等位構造を形
成する形で用いられるような場合には，それらの動詞に合わせる形
で，met 自身も受け身用法として理解されることになると推測する
のが自然であろう（例文 (42c) は LexisNexis Academic 検索による）。

(42) a.　… it [＝the autobiography] is not only free from self-
consciousness, which underlies most autobiographies,
but the important events seen and people met, are told
with a freshness impossible after a lapse of years, and
….　　　　　　　　　　　(*The New York Times*, 25 Nov. 1899)
（この自叙伝には，ほとんどの自叙伝に見られるような自己意

識過剰というところがないばかりか，目にした重要な出来事や出会った重要な人々のことが，普通だと，何年も経過した後では期待することのできないような新鮮さでもって，いきいきと語られてもいるのである）

b. Friends and loved ones are asked only to remember him (and Larry) whenever gathered together—in recognition that all we leave when we leave this life are the memories that exist in the minds of those met and loved. (*The New York Times*, 6 June 2010)

（人はこの世に別れを告げるとき，後に残るものといえば，ただ，生前故人が出会った人たち，および故人が愛した人たちの心の中にある思い出の数々だけであるということを理解した上で，故人の友人とご遺族が今後一堂に会する機会があるときにはいつでも，故人（と奥様ラリー）のことを思い出してほしい，ただそのことだけを故人は望んでおいでです）

c. I took lunch with a welcoming bunch of enthusiasts at the Lloyds Motor Club, where I was invited to unreservedly boast of people met, sights seen and cars driven. (*Autocar*, 26 Oct. 2022)

（私はロイズモータークラブで，私を歓迎してくれる熱狂的モーターファン仲間と昼食をともにした。そこでは，みんなから，自分の出会った人々，目にした風景や運転した車をどこまでも誇りに思うよう勧められた）

このように見てくると，問題の簡略的表現も，結局のところ，受け身表現の一種として用いられているとみなして差し支えないと思われる。

さらに，次の例文に見るように，不定詞 to be met も，「出会う」

第 2 章　英語の動詞 meet の受け身用法　　95

や「会う」の意味の表現として普通に用いられることも付け加えて
おきたい。

(43) a. In conclusion: I am done forever with billets doux
and am never to be met without SPECTACLES.

(Edgar Allan Poe, "The Spectacles," 1850)

（結論として言えば，恋文なんてもう懲り懲りだし，金輪際メ
ガネなしの状態で人と会ったりはしないぞ）

b. …; evidently a man of a strong resolution and a set
purpose; a man not desirable to be met, rushing down
a narrow pass with a gulf on either side, for nothing
would turn the man.

(Charles Dickens, *A Tale of Two Cities*, 1859)

（彼は，明らかに，強い決意とはっきりした意志を持つ男だ。
両側の地表の割れ目に挟まれた細い道を急いでいるときには，
出くわしたくない男だ。彼は，どうしても，自ら引き返そう
などとは思わないだろうから）

c. When she drove her two ponies with a waggonet full
of children, there were no gentry in carriages to be
met, only men of business in gigs; ….

(George Eliot, *Daniel Deronda*, 1876)

（子どもたちでいっぱいの軽四輪馬車をひいた二頭のポニーを
彼女が駆っていくときも，出会うのは，一頭立て軽装二輪馬
車に乗った商人ばかりで，4 輪馬車に乗った紳士階級の人は
いなかった）

d. "The happy days spent in St. John's; the good compa-
ny at the 'Cochrane House'; and the many friends left
behind, perhaps never to be met again, yet never

forgotten; …."

(CBC News, 13 June 2019; NOW Corpus)

（「セントジョンズで過ごした幸せな日々，『コクラン・ハウス』
での良き仲間たち，また，おそらく再び会うこともないであ
ろう，でも決して忘れることのできない，後に残して来たあ
の数多くの友達 …」）

e. Besides these, there are rambling hunting-parties of
them to be met all over Lower Louisiana. (Sibley in
Ann. 9th Congr. 2 Sess. 1089, 1805; OED Online)

（この他，ローワー・ルイジアナ一帯においても，これらの獲
物を求めてぶらぶら行く猟人の一行に接することができる）

ただし，このような事実に接すると，すでに上で指摘したことだ
が，「（偶然）人と出会う」という意味の meet の受け身文が，おそ
らく，2.4 節（20a, b）のような「受身文の適格条件」のために一般
的に不自然な文となる（例文（16a-c）参照）という事実が存在する一
方で，そのような制約に縛られることなく用いられることがあると
いう事実にも遭遇することにもなる。英語の動詞 meet に見られる
このような受け身用法の場合とも矛盾しないような「受身文の適格
条件」についてのさらなる研究が必要なのではないだろうか。

2.7. 受け身文の適格条件を見直す

受け身文の適格条件についての研究を今後さらに進めていく場合
に役立つと思われるような事柄の一つとして，「人に出会う」の意
味の動詞 meet の受け身文が用いられる一般的特徴と思われる部分
を大雑把にまとめてみると，次のようになるであろう。

(44)　典型的には，警官や強盗などに呼び止められたり，行手を

第 2 章　英語の動詞 meet の受け身用法　　**97**

阻まれるような場合，あるいは，一般的に，相手のほうが
こちらが現れるのを待ち受けているような状況を表すよう
な場合が考えられる。桟橋，空港，駅などで相手が迎えて
くれる場合もこれに含まれる。さらには，建物の入り口や
受付の席などで，相手が「御用はなんでしょうか」「どち
ら様でしょうか」とか「あら，いらっしゃい」とか言って
応対してくれるような場合，すなわち，相手側には，こち
らに会う，あるいはこちらを迎える意図が感じられる場合
にも，meet の受け身用法が普通に用いられる。

具体例をいくつか下にあげてみよう。まず，警官や官憲などに呼
び止められたり，行手を阻まれるような場合の例を見てみよう。

(45) a. The musician said he was met by police at Sydney
　　　 Airport on Saturday after an incident with an "overly
　　　 aggressive flight attendant."

　　　　　　　　　　　　(home.bt.com, 11 Nov. 2019; NOW Corpus)

　　　 (そのミュージシャンは，土曜日のシドニー空港での「過度に
　　　 攻撃的な客室乗務員」とのいざこざの後，警察の取り調べを
　　　 受けたと語った)

　　 b. Brown was arrested more than a year later in Palm
　　　 Beach County. He was met by officers with a war-
　　　 rant while walking off stage after a July 2018 show.

　　　　　　　　　　　　(*Star Advertiser*, 30 April 2023; NOW Corpus)

　　　 (ブラウンは一年以上経ってから，パームビーチ郡で逮捕され
　　　 た。2018 年 7 月に行われたショーの後，ステージから降りて
　　　 きたところを逮捕状を持った警官に呼び止められた)[12]

---

[12] 逮捕状を持った警官に「出会う」のだから，「逮捕された」と言えるのでは

c. The boy, who was with his parents, <u>was met by coun-cil officials</u> at the school gates last Tuesday and was told to leave. (*The Times*, 11 Sep. 2004)

（先週の火曜日，両親に伴われたその少年は校門のところで地方自治体の役人に静止され，その場から立ち去るよう告げられた）

d. But when he showed up to catch the bus to the air-port for the season opener, he <u>was met by the head coach</u>. "He looked me in the eyes and he just put his head down," Mr. McLean said. The Kings had re-placed him. (*The New York Times*, 9 June 2019)

（しかし，シーズン開幕試合のための空港行きバスに乗るために彼が現れると，ヘッドコーチに呼び止められた。「ヘッドコーチは私の目をじーっと見つめると，首をうなだれたんだ」とマックリーン氏は言った。（バスケットボールチーム）キングズは，すでにマックリーン氏の後任を決めていたのだった）

　ただし，警官に呼び止められたとしても，逮捕や尋問が目的ではない場合もある。NOW Corpus 検索により得られる次の例文は，

ないかと思われるかもしれないが，次のような例文を見ると，動詞 meet 自体には，相手を「捕まえ」たり，「逮捕する」の意味までは含まれていないと思われる。

(i) I heard of one poor wretch who, during hostilities, ran away to the opposite party; <u>being met by two men, he was immediately seized</u>; but …. (Charles Darwin, *The Voyage of the Beagle*)

（戦争中に敵方に向かって逃げ出した一人のあわれな男のことを私は耳にしたが，その男は二人の男に出くわし，すぐに捕まえられてしまったのだった。だが …）

　なお，これに関連した事項として，本文中にあげる例文 (47)，(48) およびそれについての解説を参照。

「辺り一帯火事に見舞われ，慌てて家を飛び出し，私有道路（drive-way）の端まで車を進めたところで警官に出会って，『そのまま前に進んでください，引き返さないように』と忠告された」ことを描写する中で用いられている I was met by police の例である。

(46)　… my home was in danger and being warned by the
　　　SES to prepare to evacuate, I had a 15 minute window
　　　of time to get whatever I could from home and flee. […]
　　　I ended up grabbing photo albums, our computer and
　　　our son's birthday present as he was turning 12 the next
　　　day. […] As I made it to the bottom of the driveway, I
　　　was met by police advising me to go and don't turn
　　　back.　　　　　　　　　　(themorningbulletin.com.au, 18 Nov. 2019)
　　　（… 我が家が危険な状態となり，セキュリティ・サービス会社
　　　から避難準備を警告されていたので，とにかく何でもいいから家
　　　から持ち出せるものを持って，急いで逃げるのに 15 分しかなかっ
　　　た。[…] 最後に写真アルバムとコンピュータと，翌日が息子の
　　　12 歳の誕生日だったので誕生日のプレゼントをひっつかんだ。
　　　[…] 私有道路の端まで何とか車を進めたとき，警察官に呼び止
　　　められ，そのまま前進して引き返さないよう忠告を受けた）

　この例文は，おそらく住民救助のためにそこに配置された警官に呼び止められことを表す I was met by police の例であろう。逮捕や尋問のためではないとしても，相手側にはこちらに会う何らかの意図があったと受け止められる場面を表す meet の受け身用法の一つである。

　次の例は，追い剥ぎや強盗などに遭遇する場合の例である（2.5節で取り上げた例文 (27c) もここに加えることができる。注 7 参照）。

100

(47) a. Isidor Tabor, 66 years old, drove up to his place of
business at 409 East 106th Street yesterday at 9:30 A.
M., he was met by two men with their hands in their
pockets, seemingly holding pistols.   They warned
him, under threat of death, not to make any outcry.

(*The New York Times*, 5 Sep. 1953)

(昨日午前 9 時 30 分に，イシドア・テイバー（66 歳）が東
106 丁目 409 番地にある彼の事務所に車でやってくると，手
をポケットに突っ込んでピストルを握っているらしい二人の
男に呼び止められた。二人は彼に「騒ぐと命がないぞ」と脅か
した）

b. The Fairfax County Police said that around 9:30 a.m.
on Tuesday, when Mrs. Gregg arrived at her home,
she was met by two men who displayed a knife and
demanded money.   (*The New York Times*, 10 Oct. 2003)

(フェアファクス郡警察署によると，火曜日午前 9 時 30 分頃，
グレッグ夫人が自宅に到着すると，二人の男に出くわした。
男たちはナイフをみせつけて金を出せと要求した）

c. Frank F. Rogers, the steward of the steamer City of
Pueblo, while walking along Seventh-avenue near
Fortieth-street, at 2:30 o'clock Wednesday morning,
was met by three men, who knocked him down, and,
as he alleges, ….   (*The Times*, 6 May 1887)

(水曜日午前 2 時 30 分に，蒸気船シティーオブプエブロの客
室乗務員フランク F. ロジャーズが 40 番通り近くの 7 番街を
歩いていると，3 人の男に出くわした。男たちはフランクを
殴り倒し，彼の申立てによると …)

d. This morning, at Carroll, William Moran was met by

two women, one of whom threw cayenne pepper in his eyes and the other began to ply a horse-whip with intense effect. (*The New York Times*, 1 May 1884)

（今朝，キャロルにおいて，ウィリアム・モランは二人の女に出くわした。そのうちの一人が粉末トウガラシを彼の目に投げつけ，もう一人の女が馬の鞭を手さばきよくビュンビュン振り回し始めた）

例文 (47c, d) の受け身表現 was met by は，状況から推測すると，あたかも「～に襲われた」の意味を表すかのように受け取られるかもしれない。ただし，厳密には，その表現自体は「こちらを待ち構えていた相手に出くわす」「遭遇する」のように，特殊な出会い方を表すだけで，「襲われる」の意味までを表すわけではない。そのような意味が考えられるのは，出くわしたり，遭遇したりした後の状況を加味した上で，結果的に出て来るものと理解される。

実は，千葉 (2022: 164f.) において，筆者は動詞 meet の受け身が表す意味の一つに「襲われる」があるということを，次のような例文をあげて説明していたが，それは筆者の勇み足であったと今では思っている（ここでは，日本語訳に一部修正を加えて示してある）。

(48) 1982 E. Richards *Last Scottish Food Riots* 8 Fifty constables went to Burghead but were met by a mob of four or five hundred fishermen armed with bludgeons and boat-stretchers.

（50 人の警官がバーグヘッドに向かったが，こん棒やボートの足掛けで武装した 4, 5 百人の漁師からなる暴徒と対峙することとなった）

次のような例文に見る受け身表現の場合も，「襲われる」ではな

102

く「（こちらに危害を加えようと）待ち構えていた相手に出くわす」
の意味を表すものと受け取ることができるであろう。

(49) a. …: as Thomas Pamplin, a servant of Messrs. Gordon
and Knight, distillers in Goswell-street, was passing
home, not far from his master's house, he was met by
a man who knocked him down, and about eleven
more of the gang coming to his assistance, they un-
mercifully beat and stabbed him in five different plac-
es.   (*The Times*, 7 Oct. 1802)

（ゴズウェル通りにある蒸留酒製造会社のゴードン & ナイト
の使用人であるトマス・パンプリンが，ご主人の家のほど近
くにある我が家に帰宅途中，ある男に出くわした。その男は
彼を殴り倒すと，さらに助太刀の仲間 11 人ほどが現れ，情け
容赦なく彼を殴り，ナイフで体のあちこち 5 箇所も突き刺し
たのである）

b. Yesterday afternoon a boy named JOHN SALMON,
while driving a cart in company with a man named
NOLAN, in Seventeenth-street, near Avenue A, was
met by a party of rowdies, […], who, while in the act
of crossing the street, struck SALMON's horse over
the head with a stick.

(*The New York Times*, 24 Aug. 1853)

（昨日の午後，ジョン・サーマンという名の少年がノーランと
いう名の男と一緒に，A 番街近くの 17 番通りを荷馬車を走ら
せていると，乱暴者の一団と遭遇した。［…］彼らは通りを横
切りざま，サーマンの馬の頭を棒切れで殴りつけた）

c. HIGHWAY ROBBERY AT SAYVILLE.—Yesterday

第 2 章　英語の動詞 meet の受け身用法　　103

morning, as Mr. GRACY, a farmer upon Long Island, was proceeding home along the turnpike from Queens County into Suffolk, he was met by a man who asked him for a ride, and Mr. GRACY complied.

(*The New York Times*, June 6, 1868, p. 8)

(**セイヴィルのハイウエイ強盗**――昨日の朝，ロングアイランドに住む農夫のグレイシーさんがクイーンズ郡からサフォークに伸びる高速道路を家路に向け車を走らせていたところ，ヒッチハイクの男に出会ったので，車に乗せてやった)

　ただし，これらの例文の be met by は，単に「相手に出くわす」というより，「相手に呼び止められた」のようなニュアンスを持っているのではないかと思われる。物語の展開からすれば，単に主人公が通りでばったりある人物と出会う場面を描写しているように思えるかもしれないが，少なくとも英語の母語話者の場合は，この微妙な違いが受け身表現によってすでに合図されていることを読み取れるのかもしれないとさえ思えてくる。「嫌な予感のする be met by の用法」と言えるかもしれない。

　次に，相手がこちらを出迎えたり応対するような場面で用いられる meet の受け身表現の場合を見てみよう（例文 (50b) は LexisNexis Academic 検索による）。

(50)　a.　As Orest A. Ranum entered the egg-splattered portal of Hamilton Hall yesterday he was met by a colleague and told that there had been some trouble in his sixth-floor office.

(*The New York Times*, 23 May 1968)

(オレスト A. ラヌムが昨日，ハミルトンホールの卵の飛び散った入り口を入ると，同僚の一人が出迎えてくれた。その

同僚の言うには，6 階にあるオレストのオフィスで何か厄介
ごとが起こったとのことだった）

b. The RSPCA sent an inspector to the property follow-
ing enquiries, who was met by a man who said there
were no whippets or lurchers with leg injuries at the
property.　Inspector Julie Fadden then met another
man who said there was a dog in a cage in the back
garden with a leg injury but she was "fine."　(Wale-
sOnline, 8 Jan. 2023)［whippet ホイペット（レース用のグレ
イハウンドに似た犬）；lurcher ラーチャー（猟犬の一種）］

（［犬が虐待されたという知らせを受け］英国王立動物虐待防
止協会は，事実調査に基づき視察官を一人問題の箇所に派遣
した。彼を出迎えた男の言うには，「ここには，脚をけがした
ホイペットやラーチャーなどおりません」とのことであった。
次いで視察官ジュリー・ファデンが別の男に面会すると，裏
庭のケージの中に脚をけがした犬が一匹いるが，その犬は「元
気だ」という答えだった）

c. Then there is the beach itself.　I wandered down and
was met by Manny.　"How close to the sea do you
want to be?"　(Ruaridh Nicoll, "The Heat is on Miami,"
The Guardian, 11 Dec. 2011)

（［マイアミ滞在記の中の一コマ］ああそうだ，マイアミの浜
辺そのものについても記しておこう。私が浜辺のほうにぶら
ぶら歩いて行くと，［プール係の少年］ナニーが応対してくれ
た。「リクライニングチェアーはどのくらい海の近くに置けば
いいでしょうか」と彼は尋ねた）

d. The housemaid's room was empty and the lift was
not working, so he walked downstairs to reception

where he was met by a squaddie who asked: "What the hell are you doing here?" "I'm lookin for my newspapers," Knight replied. "You can't be," said the soldier. "The place was evacuated at five o'clock and it blew up at six!" (*The Times*, 6 May 2019)

（ルームサービス係の部屋には誰もいなくて，エレベータも動かない。そこで，彼は階下のフロントまで歩いて行くと，そこには兵卒が一人いて，彼に次のように尋ねた。「いったい，あなたはここで何をしていらっしゃるんです。」ナイトは答えた。「新聞がないかと探しているんだ。」すると，その兵卒は「とんでもない。ここは 5 時に全員避難となり，6 時には爆破されたんですよ！」と言うではないか）

e. The mass-murderer legally purchased an AR-15 assault rifle on April 4, six days before he entered the bank at 8:33 am where he was met by a friendly woman colleague at the entrance. He told her 'you need to get out of here' before he tried to shoot her. (Newstex Bolgs, AmmoLand.com, 12 May 2023; LexisNexis Academic 検索による）

（その大量殺人者は 4 月 4 日に AR-15 型アサルトライフル（突撃銃）を法的に購入した。それは，ちょうど彼がその銀行に姿を現した午前 8 時 33 分より 6 日前のことであった。銀行の入り口（のフロント）にいた親しい同僚の女性銀行員が犯人に応対した。彼はその女性を撃ち殺そうとする前に，「ここを抜け出すがいい」と彼女に告げた）

例文（50a）では，その同僚が，ラヌムの帰りを待ち受けていた様子が感じられる。また，（50c）の例文では，相手は，もともとそ

この（自分の受け持ちの）場所にいて，こちらが用があってそこまで行って，その相手に出会う形となり，そこで，相手がこちらに応対してくれるという状況を表す。必ずしも相手がこちらの来るのを待ち受けていたというわけではないが，客をもてなすというのが，リゾート地などで雇われている係員の役目である。(50d) で描写されているフロントにいたのは，普通のフロント係ではなく兵士であるという点で特殊な状況を表していることになる。

例文 (50e) に登場したその女性は，犯人の同僚とあるから，犯人も同じ銀行員であることがわかる。また，その女性が受付係であることは，この記事からは明確ではないが，同じ事件を報じた他のニュース記事には，そのように明示されたものがあることを付け加えておこう。（蛇足ながら，この事件は金目当ての普通の銀行強盗事件ではなく，銃による大量殺人事件がいとも簡単に起こってしまう間違った世の中に警鐘を鳴らすために，犯人が企てた事件であることがわかる。）

フロント係の役目は客に応対するのが主な仕事となっていて，英語では，例文 (50d, e) に見るように，フロントを訪れる客を文法上の主語とした be met by の受け身表現が普通に用いられることを指摘することができる。

さらに，「インタビューを受ける」の意味の be met の場合もここに加えることができるであろう。[13]

(51) a.　C. Z. Cuffer, of Richmond, Va., hopes to make a career of meeting famous people and wants advice,

---

[13] 千葉 (2022: Ch. 4) においては，「報道陣に囲まれる」「会見に応じる」などの日本語訳とともにあげていた例文がいくつか散見されるが，それらの例も「インタビューを受ける」の意味のもと，ここにまとめて該当例として加えることができるであろう。

第2章　英語の動詞 meet の受け身用法　　107

which he believes someone in the newspaper business is uniquely qualified to give. [...] My advice to Mr. Cuffer is to take up another hobby. There is nothing more dispiriting than meeting famous people, for almost all famous people hate to be met.

(*The New York Times*, 26 Dec. 1984)

(バージニア州リッチモンドの C. Z. カファーは有名人と会見することで名を上げることを望んでいて，また，新聞に携わる人間なら，人に助言を与える資格を他に例を見ないくらい備えているであろうと彼は信じているので，そのような助言が欲しいと願っている。[...] カファー氏に対する私の助言は，「他の趣味を持て」ということになる。ほとんど全ての有名人は，インタビューを受けることを嫌うので，とかく有名人と会見するのは，他にも増して失望させられることになる)

b. "The Street-Cleaning Department has been greatly assisted by the sun to-day," said Superintendent Green, who was met leaving the office with Deputy Commissioner Seabold.　　(*The New York Times*, 16 March 1888)

(局長グリーンが局長代理のシーボールドと一緒にオフィスを出ようとしたところでインタビューを受け，そのとき語った言葉は，「わが道路清掃課は，本日これまで太陽の恵みを大いに受けて参りました」であった)

c. State Senator George E. Green of Broome, Chairman of the Committee on Taxation and Retrenchment, who was met on Broadway last evening, was asked whether he believed the mortgage tax and excise law amendments bills would be passed.

(*The New York Times*, 14 May 1903)

（課税と経費削減の委員会議長を務めるブルームの州上院議員
ジョージ E. グリーンは，昨夜ブロードウェイにおけるインタ
ビューの席で，住宅ローン税ならびに消費税法修正案が可決
されると信じているかどうか尋ねられた）

　以上のような例を基に，上記 (44) の説明をさらに要約した形で
まとめるとすると，次のような一般化が考えられるであろう。

(52)　両者の「出会い」の関係に関し，相手側に「主導権」があ
　　　り，こちら側はむしろ「受け手の立場」に立つと思われる
　　　ような場合に，人との出会いを表す meet の受け身表現が
　　　可能となる。

　日本語母語話者が英語の動詞 meet の受け身表現に接したとき，
少なくとも，ある程度英語の知識が身についている学習者にとって
は，さほど戸惑いを感じなくてすむ場合があるのではないだろう
か。すなわち，英語の be met を直訳した「会われる」のような不
自然な日本語ではなく，「出迎えを受ける」「挑戦を受けて立つ」「敵
や試合相手と戦う」のような自然な日本語表現が，「会う」を用い
なくても別途考えられるような場合には（それぞれの意味の具体的例
文については，千葉 (2022: 146ff.) 参照），日本語母語話者の英語学習
者にとって，英語の受け身表現がそれほど不自然に感じられないの
かもしれない。いっぽう，そうでない場合，たとえば，偶然の出会
いを表す be met by ～ の表現で，しかも，自然な英語表現に違い
ないと推測される（すなわち，自分の読んでいる英語の小説や新聞
等の中に用いられている）表現に接した場合には，おおかたの日本
人英語学習者にとって，どうしても「会われる」のような不自然な
日本語訳が頭をよぎることとなり，meet の受け身表現の理解に支
障をきたすものと思われる。少なくとも，単に「出会う」という日

第 2 章　英語の動詞 meet の受け身用法　　109

本語訳のままでいいのだろうか，というような不安な気持ちにから
れる英語学習者も出てくることであろうと思われる。

　その主な原因の一つは，すでに上でも述べたように，英語の他動
詞 meet と日本語の「〜に出会う」とでは，受け身転換が可能かど
うかに関し大きな違いがあるからであろう。すなわち，「人に出会
う」の意味の meet には他動詞用法があり，その受け身表現も，状
況が許せば，普通に用いることができるのに対し，日本語の「会う」
は「〜に会う」「〜と会う」のように，「ニ格」や「ト格」を要求する
自動詞的性格の強い動詞なので，それに対応する受け身表現が奇異
に感じられるからであろう。

　この点から言えば，（52）にまとめた英語の動詞 meet の受け身
用法に関する特徴も，英語の他動詞一般に当てはまる受け身用法の
一般的特徴となんら変わるところがないと言えるであろう。meet
の受け身用法の種類によっては，日本語を母語とする英語学習者が
戸惑いを感ずることがあるというのは，大部分，日本語の動詞「出
会う」の用法との違いに影響されるところからくる戸惑いであると
言えるかもしれない。

　さらに，英語学習者が普段接する英語の辞書の中に，「『偶然に会
う』の意では，meet の受け身は不可」のような（誤解を招く可能性
のある）注意書きを見出すことがあるということもまた大いに関係
するであろうということは，想像に難くないと思われる。

　ところで，すでに上で取り上げた例文（16a-c）（下に例文（53a-c）
として再録）が示すように，英語の（少なくとも表面的には）他動詞
用法と目されるような meet の場合にも，受け身表現が不自然な文
となる場合があるのはどうしてか，というような問題がここで浮上
するかもしれない。

110

(53) a. *I was met by Mr. Brown yesterday.

　　b. *Bill was met by John in Harvard Square today.

　　c. *A tall gentleman was met by Jane on the way.

　ただし，このような例文の場合は，英語においても，基底構造としてのA and B met から得られる自動詞としての意味情報，つまり，AかBのいずれか一方に人と会うことに関しての「主導権」が与えられていない用法としての meet を含んだ文の受け身表現ということになり，したがって，上記 (52) の条件は満たされていないことになるので，不自然な文であると感じられるのであろう。すなわち，このような場合の meet の用法は，表面的には他動詞的振る舞いをしていても，実際は自動詞的用法の meet のように感じられるのかもしれない。[14]

　このようにみてくると，「単なる人との出会い」や「人に偶然に出会う」の意味を表す meet を用いた受け身文の例の中にも，不自然な文とはならないような場合があるのではないかという推論が得られることになる。すなわち，これまでいくつか取り上げてきたような自然な英語の例文の場合も，(52) にあげた特徴が，場合によっては色濃く，また場合によっては微妙ながら感じられるということにより，meet の受け身文が許される例となっているというような一般的説明が成り立つことが期待される。

　たとえば，上記例文 (53a-c) の類例のようにも見える次のような例文 (54) の下線部の場合も，英語の母語話者であれば，(52) に示されているような特徴を含んでいることを敏感に感じ取る結果，meet の自然な受け身文を含んだ例文であると，(無意識のうち

---

[14] 自動詞 meet とその補語としての [A, B] から構成される基底構造 met [A, B] を基に，A and B met のような自動詞文，あるいは A met B／B met A のような他動詞用法の文が生み出される生成過程については，1.3.3 節参照。

第2章　英語の動詞 meet の受け身用法　　111

にではあるが）判断することができるということが考えられるであ
ろう。すなわち，(54) に見られる meet の受け身文の場合は，そ
こにあげた日本語試訳から推測されるように，「相手に出迎えられ
る」（あるいは，「相手と親しく会う」）を意味する meet の受け身文
の例と捉えることが可能であろう。[15]

(54)　In the days when I lived on the ranch I usually spent
　　　most of the winter in the East, and when I returned in
　　　the early spring I was always interested in finding out
　　　what had happened since my departure.　On one occa-
　　　sion I was met by Bill Jones and Sylvane Ferris, and in
　　　the course of our conversation they mentioned "the luna-
　　　tic."　(Theodore Roosevelt, *An Autobiography With Illustra-
　　　tions*, Ch. 4: In Cowboy Land, Charles Scribner's Sons, 1913;
　　　LexisNexis Academic 検索による)
　　　（牧場に住んでいた頃は，私は冬の大部分を東部で過ごすのが普
　　　通であり，早春に牧場に戻ったときには，私が牧場を出た後でど
　　　んなことが起こったのかを探り出すことにいつも興味を抱いてい
　　　たのである。あるときなど，ビル・ジョーンズとシルヴェイン・
　　　フェリスに出迎えられて，語り合っているうちに，二人の持ち出
　　　す話題が例の「変人野郎」のことに及ぶことがあった）

　残る問題は，少なくとも，筆者自身を含め日本人英語学習者に
とって，場面状況から推測して，いかにも偶然の出会いを描写して

---

[15] ただし，本文のすぐ下で解説するように，この例文の問題の箇所を，何ら
かの「かかわり」を示すような描写がなされているような場合の一つとして捉え，
たとえば，「親しい友人のビルとシルヴェインにどこかで偶然出会って，その友
人たちと親しく語らう」場面を描写したものであると解釈することもできるかも
しれない。

いると思われ，上記 (44) や (52) の条件を当てはめて考えること
にも困難を覚えるようなシーンにおいて，受け身表現 be met by
〜 が用いられているときの，その受け身文をどのように理解した
らいいのか，あるいは，どのような日本語で翻訳したらいいのか，
という問題である。これまで取り上げた例文の中にも，筆者にはい
い知恵が浮かばないので，しかたなく能動態の表現の場合と同じ
「〜に出会う」のような日本語訳を当てはめておいたものがある。
中でもとりわけ気になっているのは，英文学に親しんだことのある
読者にはお馴染みの Thomas Hardy, *Tess of the D'Urberville* の物
語のはじめの部分に登場する"Presently he was met by an elderly
parson astride on a gray mare, who, ..." (= (27g)) によって代
表されるような例の場合である。このような場合，インターネット
で利用できる高速機械翻訳（AI 翻訳）によるものをいくつか眺め
てみると，問題の箇所を「出迎えられた」のように「正直に」日本
語でも受け身文として訳しているものがあることがわかる。ただ
し，この場面でのこのような日本語訳は，不自然であるとのそしり
を免れないであろう。それでは，どうしたらいいだろうか。有名な
この小説の日本語翻訳書の数は多いが，中に AI 翻訳と同じように
受け身文を用いたものがあるのだろうか。あるいはまた，単に「出
会う」のような訳ですますことなく，英語の場合には醸し出されて
いるかもしれない微妙な意味を日本語でも伝える工夫を何かしてい
るようなものはあるのだろうか。

　一見，偶然の出会いを表しているように見える場合においても，
英語の meet の場合には，能動態と受動態の使い分けにより，出会
い方に関して微妙な意味内容の違いを伝えることができるのかもし
れないと思われるのに対し，日本語の「会う，出会う」の場合には，
それに相当する区別ができない（あるいは，そのような区別をしな
い）ということなのであろうか。

第 2 章　英語の動詞 meet の受け身用法　　113

　単に人と人との出会いの場面を表しているように見える場面で用
いられている英語の受け身表現 be met by 〜 が表す「微妙な意味
内容」をもう少し具体的に説明するとすれば，次のようなことにな
るであろう。これは，2.5 節で取り上げた例文 (27a-i) に見られる
共通点を取り出して指摘したように，「出会いのいきさつや顛末に
ついての情報が，部分的にでも読み取ることができるような描写が
なされている」かどうかに焦点を当てた捉え方になっていると言え
る。すなわち，特に，出会った相手とのその後の何らかのかかわり
が，問題の受け身表現の前後（多くの場合，その表現に続く部分）
において説明ないし描写されているような場合には，be met by 〜
を用いることができるのではないだろうか。いっぽう，そのような
説明や描写がなされないまま，単に「人に出会った」ことだけを表
すだけで，その人とのその後のかかわりが特別感じられないような
場合に，わざわざ受け身表現を用いて "I was met by Susan on the
street yesterday" のように述べて，それで終わりとするような提示
の仕方は，不自然な言語使用ということになるのではないだろうか
(cf. "I met Susan on the street yesterday")。このような線に沿っ
て説明できると思われる，be met by 〜 の表現が許される場合お
よび許されない場合の具体例としては，それぞれ，上記例文 (23a-
d), (27a-i) および (53a-c) を参照。

　この場合，「かかわり」の内容は多岐に渡ることが考えられるが，
たとえば，見知らぬ人と出会って，その後，その人物から何らかの
被害を被るのも，その人とのかかわりを示す場合の一つであり，出
会った人から道を尋ねられたり，顔見知りの場合（いや，見知らぬ
人の場合でも），出会ったのち親しく言葉を交わすというのもまた，
その人とのかかわりについて描写していると言えるであろう。

　なお，2.4 節において，例文 (16b)［= *Bill was met by John in
Harvard Square today.］が不自然な受け身文であることを，高見

114

(2011: 91f.) の提案している「受身文の状態変化制約」によって説明できるということを述べた後で，筆者が以下のように指摘しておいたのも，上でまとめたような事柄を意識していたためであると言えるであろう。

興味深いことには，be met by 〜 の部分からだけでは，たしかに，相手が何かを一方的に行っていないことになると言えるが，ただし，「出会った後で，相手がこちらに対してなにか被害を及ぼすような行為に及ぶ」という内容の文が後続するような場合には，その be met by 〜 の部分に後続部分を合わせた文全体が自然な英語表現とみなされるという事実がある（したがって，(16b) のような文そのものも生きてくることとなる）ということに留意しなければならない。

また，上で例文 (49a-c) の説明を行ったときに，それらの例について以下のように述べていたのも，このことと密接に関係すると言える。

物語の展開からすれば，単に主人公が通りでばったりある人物と出会う場面を描写しているように思えるかもしれないが，少なくとも英語の母語話者の場合は，この微妙な違いが受け身表現によってすでに合図されていることを読み取れるのかもしれないとさえ思えてくる。「嫌な予感のする be met by の用法」と言えるかもしれない。

なお，この引用箇所において，「この微妙な違い」と言っているのは，受け身表現の場合に醸し出される，「（こちらに危害を加えようと）待ち構えていた相手に出くわす」のような意味のことを指している。ただ，その後に起こるであろうと思われる事柄が，英語の母語話者には読み取れるとは言え，そのような予感に沿った内容が

第2章　英語の動詞 meet の受け身用法　　115

具体的言語表現によって描写されることが普通は求められているのではないだろうか。したがって，その後の「かかわり」についての情報が欠けていると感じられるような場合は，不自然な文であるというような印象を与えることになるのかもしれない。

ただし，これまであげた例文からも推測できるように，問題の受け身文が用いられている場面描写は，主人公がある場所でばったり出会う人物が，主人公に対して何らかの被害を及ぼす場面だけとは限らない。したがって，上の引用箇所で用いている表現「嫌な予感のする be met by の用法」の中の「嫌な予感」という部分は，たとえば，上記 Thomas Hardy, *Tess of the D'Urberville* からの例文の場合には当てはまらないと思われるので，そのような場面にも当てはまるような，もっと一般化した表現，たとえば，すでに上で用いた「出会った相手とのその後の何らかのかかわり」のような表現が必要となるであろう。このような問題も含め，「どのような場合に be met（by 〜）の受け身文が許されるのか」をさらに追求したいとお思いの読者諸賢の参考になるかもしれないので，筆者がこれまで収集できた，上記 *Tess of the D'Urberville* からの例文と同じような例文を，特にヴィクトリア朝期の英米小説を中心とする文学作品の中からいくつか以下に紹介してみたい。

これらの例文の収集作業において筆者が主に利用したのは Mit-suharu Matsuoka（松岡光治）氏によるインターネットアーカイブの The Victorian Literary Studies Archive, Hyper-Concordance <http://victorian-studies.net/concordance.html> である。そこに収録されている作家は，次の三つのグループに分類されている。すなわち，(i) Victorian（110 人），(ii) British & Irish（50 人）（他に The Bible, Histories, Shakespeare の項目あり），および (iii) American（50 人）である。以下例文 (55), (56) としてあげるもの

116

は，それぞれ，上記 (i), (iii) のグループからのものである。[16]

(55) a. Some said he went out every night, and <u>was met by</u>
<u>terrified wayfarers</u> stalking along dark roads, others
said he ….   (Charles Dickens, *Christmas Stories*)
（彼は毎晩外に出かけ，暗闇の通りをさまよっているおびえた
旅行者たちに出くわすのだと言う者がいるかと思えば … と
言う者もいた）

  b. Just at this moment, in a winding glade, <u>they were</u>
<u>met abruptly by a third person</u>. All seemed rather to
start at the sudden rencounter; and then ….

(Benjamin Disraeli, *Lothair*)

（ちょうどそのとき，二人は曲がりくねった空き地で，突然，
三人目の人物に出会った。三人とも，この突然訪れた偶然の
出会いにやや驚いた様子だった）

  c. At that moment <u>they were met</u> from another walk, <u>by</u>
<u>Mrs. Hurst and Elizabeth herself</u>. I did not know that
you intended to walk, said Miss Bingley, in some
confusion, lest they had been overheard.

(Jane Austen, *Pride and Prejudice*)

（そのとき，二人は別の散歩道を歩いていたハースト夫人と，
二人が噂していたエリザベスその人に出会った。「あなたたち
もお散歩中だったとは知らなかったわ」とミス・ビングリー
は，話を聞かれていたかもしれないので少々戸惑いながら言っ

---

[16] 本文や注の中でこれまで取り上げた例文の中にも，たとえば *Tess of the D'*
Urberville から引用した例文のように，上記のアーカイブの中にも見出すことの
できるものが含まれているが，例文 (55), (56) 以外のものは，筆者が別途行っ
た例文収集作業により得られたものであることをお断りしたい。

第2章　英語の動詞 meet の受け身用法　　117

た）

d. These were the only signs of life; not a human being was met, —not a hut was visible.

(Edward Bulwer-Lytton, *Zanoni*)

（このような風景だけが生命を感じさせる唯一のあかしだった。人っ子一人にも出会わなかったし，小屋の一つも目にすることはなかった）

e. When they drew near the bridge, they were met by a tall, fine-looking boy, leading a beautiful little Shetland pony, with a side-saddle on it.

(Elizabeth Gaskell, *The Moorland Cottage*)

（彼らが橋の近くまでやって来ると，横乗り用の鞍をつけたきれいなシェトランド産ポニーを引いた，背の高い健康そうな少年に出会った）

f. They walked on in silence, and were met presently by a gentleman who was coming along the village street at a sharp pace. A lamp discovered Mr. Willis Rodman.

(George Gisssing, *Demos*)

（二人は黙って歩き続けた。するとまもなく，村の通りをキビキビした足取りでこちらに向かってやってくる一人の紳士に出会った。ランプの灯りでそれはウィリス・ロドマン氏だとわかった）

g. My guide told me, that two months before he had a most narrow escape of his life: he was out hunting with two other men, at no great distance from this part of the country, when they were suddenly met by a party of Indians, who giving chase, soon overtook and killed his two friends.

(Charles Darwin, *The Voyage of the Beagle*)

（私の案内人が二ヶ月前に味わった，あわや命を落としそうに
なった経験のことを私に話してくれた。すなわち，彼が二人
の友人とともに，この国のこの地域からさして遠くはない所
に狩に出かけたところ，突然，先住民の一行に出会い，彼ら
に追いかけられて，まもなく追いつかれ，二人の友人が殺さ
れてしまったとのことであった）

(56) a. A boy is sent with the parcel and change. On the
route, quite accidentally, he is met by the purchaser,
who exclaims: "Ah! This is my bundle, I see—I
thought you had been home with it, long ago. Well,
go on! …." (Adgar Allan Poe, *Diddling Considered as
One of the Exact Sciences*)

（［客の注文した］その包みと釣り銭を店員に持たせて客の家
に行かせた。道の途中で店員は，まったく偶然にもそのお客
と鉢合わせした。その客が大声で言うには，「ああ！これは私
の注文した包みだね。もうとっくに家まで届けてくれるもん
だと思っていたんだよ。さあ，家までお行き …」）

b. Like as not, if the mate sends him after his quadrant,
on the way he is met by the captain, who orders him
to pick some oakum; and …. (Herman Melville, *Omoo*)

（おそらくこんな具合で，たとえば，仲間から四分儀をとって
こいと言われて，行く途中で船長に出会って，オーカムをほ
ぐしてこいと命じられたり，また …）［オーカム：木造船の
甲板などのすき間に詰め込むための麻などをほぐしたもの］

c. Pursuing our journey, as we were passing through a
forest, we were met by a forlorn, half-famished dog,
who came rambling along the trail, with inflamed

第 2 章　英語の動詞 meet の受け身用法　　119

eyes, and bewildered look.

(Washington Irving, *A Tour on the Prairies*)

(私たちが旅を続ける途中，ある森の中を通っていると，半ば
腹をすかした，わびしそうな犬に出会った。その犬は，赤く
腫れた目つきの当惑した面持ちで，小道をぶらぶらとこちら
にやって来た)

d. About noon he was trudging along in the turnpike
road when he was met by a farmer driving in a trap,
who pulled up to speak to him and asked him if he
could say how far it was to Winterbourne Bishop.

(W. H. Hudson, *A Shepherd's Life*)

(お昼頃，彼が有料道路をとぼとぼ歩いていると，軽装馬車を
走らせていた農夫に出会った。彼は馬車を止めると，ウイン
ターボーン・ビショップまではどのくらいあるか教えてくれ
ないかと尋ねた)

e. When the corpse was removed from the house to the
tomb, a distance of one chain, the procession was met
by a certain man who was ardently attached to the
deceased.　　　　　　　　　　(Mark Twain, *Roughing It*)

(死体を家からお墓までの 20 メートルばかりを移動させると
き，葬儀の列は，途中，死者のもとをなんとしても離れまい
とする一人の男に出会った)

f. I remembered the life-preservers stored in the cabin,
but was met at the door and swept backward by a
wild rush of men and women.

(Jack London, *The Sea Wolf*)

(私は船室に救命具が積まれていたのを思い出したが，船室の
入り口で，男も女も慌てふためいてどっと出てくるのにぶつ

かり，押し戻された）

　この節での解説を終えるに際して，上の議論に密接に関連する英
語の受け身表現の一つとして，「妥協する」を意味するイディオム
meet halfway の場合を指摘しておきたい。

　イデオム meet halfway「妥協する」には，自動詞用法としての
to meet halfway と他動詞用法としての to meet NP halfway とが
あり，後者の場合には受け身表現が可能となる。日本語の場合，
「（〜に／と）妥協する」に直接対応するような受け身表現「（〜か
ら／〜によって）妥協される」は，被害の受身として以外は不自然
な日本語表現とみなされるであろう。被害の受け身用法の例として
は，たとえば，「原作のこの場面では，相手側がどうしても妥協し
ない筋書きになっていたのに，この台本では，俺は妥協される</u>って
ことになっているではないか！　この場合，やっぱり，最後まで妥
協されない</u>筋書きにしないと，芝居が台無しになっちゃうよ！」な
どが考えられるかもしれない。

　日本語の「妥協」は，ふつう「両方が譲り合う」イメージが強い
かもしれないが，たとえば『学研現代新国語辞典』改訂第 5 版に見
るように，「一方だけがゆずる場合にも言う」との説明もある。た
だし，「一方だけがゆずる」のような場合というのは，A は妥協し
ようとしたが，相手側の B は妥協に応じなかったような場合を意
味することとなり，結局は，双方での妥協には至らなかったという
ことであろう。双方が妥協するような場合でも，両者がどの程度
（の割合で）妥協したかについては，場合場合に応じて，いろいろ
な組み合わせが考えられるであろう。

　英語では，他動詞用法としてのイデオム meet NP halfway を受
け身表現にすることにより，妥協することに際して，受け身文の主
語に立つ側が「相手側が妥協に応じてくれることによる何らかの恩

第2章　英語の動詞 meet の受け身用法　　121

恵」を受ける立場にあることを表すことができるように思われる。
具体的例をいくつか見てみよう。

(57) a. We must not let our Russian policy be guided or in-
fluenced by those inside or outside the United States
who want war with Russia. This does not mean ap-
peasement. We most earnestly want peace with Russia
—but we want to be met half way. We want coopera-
tion. (Henry Wallace, "Liveblogging Postwar: September
12, 1946"; Google Books)

（私たちは，ロシアとの戦争を望むアメリカ国内外の勢力よっ
て，我が国のロシア政策が先導されたり影響を受けることの
ないように気をつけなければならない。これは，ただし，宥
和政策を意味するものではない。私たちは本当に心よりロシ
アとの平和を願うとはいえ，実際は，ロシア側が妥協してく
れることを念じている。ロシアが協力してくれることを願っ
ている）

b. **U.S. Tells Soviet in U.N. of Longing for Honest
Talks**
Lodge Assures Red Delegates Any Kremlin Peace
Gesture Would Be Met Halfway

(*The New York Times*, 26 March 1953)

（[新聞見出し]**国連にて，アメリカ，誠実なる話し合いを望
むとソ連に伝える**　平和に向けソ連の示すいかなる意思表示
に対しても，アメリカには応じる意思ありとロッジ国連大使，
ソ連代表団に確約す）

c. "Either the president takes immediate, drastic reform
measures, or the country descends into one of several

ugly scenarios. If he is willing to lead Syria into a
real democratic transformation, he will be met half-
way by the Syrian people," he told AP.

(BBC News, 30 March 2011; NOW Corpus)

(「大統領がただちに思い切った改革策をとらなければ，この
国はいくつか考えられる不穏な事態のいずれかに陥ることに
なる。大統領がシリアに真の民主転換をもたらしたいと望む
のであれば，シリア国民からの譲歩も期待できるであろう」
と彼は AP に語った)

　これらの例文を含む該当例をいくつか観察して言えることは，受
け身表現 NP₁ be met halfway / half way (by NP₂) で表されている
状況には，一般的に，主語の位置に立つ側 (NP₁) よりむしろ相手
側 (NP₂) のほうに，妥協を見出そうとする積極性が感じられるよ
うに思われる。そういう意味では，普通の受け身文の場合と同じよ
うに，受け身文の主語は「受け手の立場」に立つと言えるであろう
((52) にあげた一般化参照)。

　なお，次の例文が示すように，問題の受け身文の主語として，妥
協に携わる人物ではなく，妥協点を見出すべき事柄が選ばれるよう
な例を見出すこともあるということを指摘することができる。

(58) I thought, that the difference might be met halfway be-
tween you & Mr Longman: .... (S. T. Coleridge, *Collected
Letters*; OED Online, s.v. *leave*, v¹)

(私は思ったのですが，この相違点はあなたとロングマン氏双方
の妥協により埋めることが可能かもしれない。...)

2.8. 受け身表現 be met の文が英語学習者に与えるさらなる困難さ

これまでの議論でもわかるように，日本語を母語とする英語学習者にとって，受け身表現 be met（by ～）の文が理解しにくいと思われるような場合，あるいは，対応する日本語の感覚では不自然だと感じられるような英語の meet を用いた受け身文が存在するようである。日本語の場合は，「受け身的な意味」が感じられる場合に受け身文が可能となるのに対し，英語の場合は，必ずしも「受け身的な意味」が感じられないと思われるような場合においても，meet の場合を含み，「他動詞性」の感じられる動詞の場合には，幅広く，いわば機械的に受け身文を作ることも可能だということなのだろうか（「他動詞性」について詳しくは，第3章参照）。受け身文が「意味的構文」として捉えられているのか，それとも「統語的構文」として捉えられているのかの違いが見られるということであろうか。「被害や恩恵などの肉体的・精神的影響を受ける」というような典型的な受け身の意味を表す場合は，意味を中心とした内容の「受身文の意味的制約」（2.4 節の（20a, b）参照）が日英語ともに当てはまることになるが，これまで上で取り上げてきた例文のように，そのような意味的特性が必ずしも見られない meet の受け身文の場合には，日英語の受け身文の用法に乖離が見られるということではないであろうか。

英語では，上で述べた「機械的に受け身文を作る」ことができるかのような印象を筆者が受けるというのは，特に次のような，meet の受け身表現の一つである resistance was met の例に接することがあることからくる印象を述べたものとなっている（例文は，いずれも Google Books 検索による）。

(59) a. This was due entirely to the skill and fortitude of the glider pilots. In the eastern portion of the landing zone, scattered resistance only was countered; in the western portion, however, a strong, stubborn resistance was met. (*Military Review*, 28 (3), p. 53, 1948)

(このことが可能となったのは，ひとえに，グライダーを操縦するパイロットの腕の良さと不屈の精神によるものだった。着陸ゾーン内の東側部分においては，散発的な反撃を受けるだけであったが，西側部分においては，強力で執拗な反撃を食らったのである)

b. Further resistance was met on the other side of Hangard Wood and was overcome with the help of two Stokes mortars. (Charles Messenger, *The Day We Won the War: Turning Point at Amiens, 8 August 1918*, 2008)

(ハンガード森の反対側ではさらなる反撃に見舞われたが，2台のストークス迫撃砲の援助によって反撃をかわすことができた)

c. Slight resistance was met by the boarding party, but no casualties were caused. (Major-General Dare Wilson, *With 6th Airborne Division in Palestine 1945-1948*, p. 248, 2008)

(乗船組によるわずかばかりの抵抗を受けたが，惨事には至らなかった)

例文 (59a) はグライダー着陸時に敵のドイツ軍の攻撃に会ったにもかかわらず，何とか無事飛行場に着陸させることができたときのことを描写したものである。能動態の表現 (I/We) meet resistance 自体がすでに受け身の意味「抵抗・反撃を受ける」を含んで

いるので，それの受け身表現をどのように理解したらよいのか，少なくとも日本語を通して理解しようとすると，困難を感じるところがあるが，英語では，他動詞表現 meet resistance が与えられた場合，それに対する受け身表現を「機械的に」作り出すことが許される仕組みになっているので，英語の母語話者にはなんら違和感を感じなくてすむのかもしれないとさえ思われる。例文 (59b, c) についても同じことが当てはまるであろう。[17]

　最後に，「修行者あひたり」の受け身版かと思えるような meet の受け身表現のことを指摘してこの章を終えたい。次にあげるような meet の受け身表現は，どのように捉えたらいいのであろうか。

(60) a. Ye may remember, <u>an unknown was met</u>

　　　Some days gone by—quite early in the morn,

　　　And he was deemed a brawler.

　　　(George William Featherstonhaugh, *The Death of Ugoliino*,

　　　V. iii, 1830)

　　　(覚えているであろう，見知らぬ人に出会ったのを，あれは何日か前のこと，かなり朝早くであったが，騒々しく喧嘩をふっかけてくる人のようだった)

　　b. It appears that the Colonel was in a hand-car, twelve miles from Richmond, and that, unexpectedly, <u>a freight train was met</u>, too late to prevent a collision.

　　　(*The New York Times*, 11 Aug. 1854)

---

[17] 筆者などが，meet resistance の意味を含んだ受け身表現としてすぐに思い浮かべるのは，むしろ，次のような受け身表現である。

(i) a. The attempts were met by the most spirited resistance.

　　　(その試みは最も強烈な抵抗に見舞われた)

　　b. That insistence was met with passive resistance.

　　　(そのように強要した結果，消極的抵抗に会った)

（大佐は，リッチモンドから12マイル離れたところで人車軌道に乗っていて，思いがけなく貨物列車が目の前に現れたのに気づくのが遅すぎて，衝突は避けられなかったようだ）

an unknown や a freight train のような不特定名詞を主語とし，「(準) 行為者」を表す *by*-phrase（by 句）は用いていないこのような meet の受け身表現により，その場に（突然）姿を現した相手のほうを浮き彫にする効果が出てくるのであろうか。もしそうだとするなら，このような場合の meet の受け身表現は，古い時代の日本語に見る「修行者あひたり」（＝ひょっこり修行者が目の前に姿を現わした（第 1 章参照））に相当するのかもしれないと思えてくる。

2.9.　まとめ

これまで，千葉 (2022) で取り扱ったような英語の動詞 meet の用法をいろいろ調べてきた筆者にとって，特に過去分詞の met を含む文に接した場合，その文法的解釈に頭を抱えるといった場面を何度か経験してきたことを告白せざるを得ない。受け身文に用いられる「(準) 行為者」を表す *by*-phrase（by 句）が表面的に現れている文の場合には，それを受け身文であると捉えるのは比較的容易であると言える（2.4 節の例文 (18a, c, d) 参照）。それに対し，そうでない場合には，非対格動詞 meet の完了形としての用法なのか，それとも受け身用法としての met なのかの判断に苦しむこともある。

さらに，受け身用法であると判断されるような場合でも，適格な受け身文となるための意味的条件として提案されている上記 (20a, b) のような制約に従った用法となっていると言えるかどうかの見定めが難しいと感ずることもある。英語の受け身文研究に関し，全般的にかなりの進捗の見られる今日においても，少なくとも動詞

meet（およびその他の相互動詞）の受け身文についても当てはまるような一般的特徴はどのようなものかの問題，さらには，注4で紹介した林（1991）による問題指摘のことも考えた場合には，まだ未解決の部分が含まれていることを認めざるを得ないであろう。

　言語学研究に携わる者にとって，人間の心の奥に潜む文法の中身をあれこれ推測することによって得られる喜びもあるが，上に述べたような，人知れず悩みを抱えることも少なくないと感じている。

　なお，第1章と第2章で取り扱った英語の動詞 meet に見られる言語学的特徴は，meet 以外の相互動詞（たとえば，Kuno and Kaburaki（1977: 640）のあげている encounter, run into, marry, date, resemble, look like など）の場合にも広くあてはまる一般的特徴なのかどうかの研究が望ましいという趣旨のコメントを中島平三氏からいただいたことがあるので，その線に沿った事実観察に基づいた研究報告の一部を次の章にまとめてみたい。

第 3 章

その他の相互動詞の場合

3.1. はじめに

この章では，meet 以外の相互動詞をいくつか取り上げ，エンパシー制約とのかかわり，および受け身表現を許すかどうかの観点から，代表的相互動詞 meet との違いが見られるかどうかについて考えてみたい。その際，エンパシー制約についての考察は，特に発話当事者としての me を目的語とする meet me / marry me のような表現を許すかどうかに焦点を絞った事実観察だけを取り上げることをお断りしたい。まず，久野・高見 (2017: 12) があげているその他の相互動詞の例，すなわち，encounter, run into (〈人に〉偶然出会う)，marry (… と結婚する)，date (… とデートする)，resemble, look like (… に似ている) を順に取り上げてみよう。

3.2. 動詞 encounter の場合

次の例文に見るように，encounter me の表現は，問題のエンパシー制約違反が見られるにもかかわらず，一般的に許されるようである。

(1) a. In fifth grade, my father, then the superintendent of schools, <u>encountered me</u> in the hall where I had been exiled for some misdeed—probably related to logorrhea.

(*Portland Press Herald*, 17 March 2022; NOW Corpus)
（私が 5 年生のときであったが，おそらく私の病的多弁症にかかわることで私の犯した悪行を理由に学校を追放されて収容されていた建物のホールで，当時，いくつかの学校を管理する長官であった父と遭遇することがあった）

第 3 章　その他の相互動詞の場合　　131

b. I have faith because Jesus encountered me—through my father who taught me about compassion, my wife who taught me about love and children who taught me about growing up. (Andrew Purves, *The Resurrection of Ministry*, 2010; Google Books)

（ジーザスが私に巡り合ってくださったことにより，私は信仰を得ました——私に思いやりについて教えてくれた父と，私に愛を教えてくれた妻と，私に成長することについて教えてくれた子どもたちをとおして）

c. I'm not saying every piece of advice I received was accepted, but I considered it. I was intrigued by the fact that the people I encountered genuinely and openly encountered me.

(Charlie Green, *Love & War*, 2020; Google Books)

（私が彼らから受けた助言を私がことごとく受け入れたと言おうとしているのではない。でも，それを一つ一つ深く考えてみたのは確かだ。私が興味をそそられたのは，私の遭遇したその人たちとの出会いが，公の場での全くの偶然の出来事であったという事実である）

なお，上記例文と同じような encounter me を用いた文の中で，下記例文 (2) のような場合には，問題の箇所にエンパシー制約の違反が見られないのは，間接話法の文に置き換えることができるからである，との説明が考えられるかもしれない。

(2) "Regarding the 'story' by E. Jean Carroll, claiming she once encountered me at Bergdorf Goodman 23 years ago," Trump wrote in 2019, "I've never met this person in my life. She is trying to sell a book—that … should

be sold in the fiction section."

(Huffpost, 29 June 2023; NOW)

（トランプが 2019 年に書いていることだが，「23 年前にバーグド
ルフ・グッドマン・ホテルで私に出くわしたことがあると主張し
ている E. ジーン・キャロルによるあの「作り話」について言え
ば，私はこれまで一度もこの人物に会ったことはない。彼女は，
実際はフィクション小説として売り出すべきものをなんとか売り
込みたいと躍起になっているのだ」）

すなわち，1.3.2.2 節において解説したように，Kuno and Ka-
buraki (1977: 661) は相互動詞 meet の用法に関し，エンパシー制
約違反の見られる下記 (3a) のような文とは異なり，(3b) のよう
な文が許される理由として，それが (3c) のような直接話法の文に
由来するからであると説明している。[1]

(3) a. *He met me on the street.
    b. John told me that he had met me on the street.
    c. [John told me, ["I met you on the street."]]

したがって，例文 (2) の場合も，問題の箇所は，claiming, "I
once encountered him" のようにパラフレーズ可能となるので，エ
ンパシー制約の違反は見られないとする説明が考えられるかもしれ
ない。

ただし，このような説明は，上記の例文 (1a–c) の場合にも広く
当てはまるような説明とはならないので，ここではむしろ，相互動
詞 encounter の場合には，問題のエンパシー制約の対象とはなら
ないという特徴が見られるものと捉えておきたい。

---

[1] それとは異なる筆者の説明については，1.3.2 節参照。

第 3 章　その他の相互動詞の場合　　133

　次に，受け身表現 be encountered の場合を考えてみよう。「遭遇する」の意味の動詞 encounter は，次の例に見るように，一般的に受け身表現が可能となるようである。

(4)　a.　Whenever a single sailor or a knot of them was encountered, the 'bus crew would begin its hailing.

　　　　　　　(G. B. Fife, *Passing Legions* xiii. 235, 1920; OED)[2]

　　　　　（一人の水夫または水夫の集団に遭遇するといつでも，バスに乗った船員たちは彼らに掛け声をかけ始めるのであった）
　　　　　['bus = bus; < omnibus]

　　b.　A dogwalker in Swindon was encountered by a man in the bushes who threatened to expose himself last week.　　　　(SwindonAdvertiser, 12 January 2023; NOW)

　　　　　（先週，スウィンドンに住む人［婦人］が犬を散歩させていたところ，今にも前を露出させようとする男に藪の中で遭遇したのである）

　　c.　Walking out of the store, he was encountered by a bully, who followed him down the street, then threw a vicious hook at his head.

　　　　　　　　　　　　　　(vulture.com, 13 Oct. 2019; NOW)

　　　　　（彼が店を出ると，一人のいじめっ子に出くわした。通りで彼

---

[2] 第 1-2 章と第 4 章で用いている OED からの例文の場合は，出典元を OED, 2nd ed. と区別して OED Online のような表記をしているが，本書の原稿の中で最後に執筆したこの第 3 章に引用している OED の例文に関しては，引用元のインターネット OED のポータルサイトでの "OED Online" の表記がその後なくなり，単に "OED" と表記されるように変更されているので，その表記に従って，この章でも単なる OED の表記を採用していることを断っておきたい。したがって，この章で OED とあるのは，その他の章で用いている表記 OED Online（すなわち，実質上，OED, 3rd ed. に匹敵する版）に相当することになる。

の跡をつけてきたかと思うと，その子は，突然，苦々しげに
彼の頭めがけて一撃を食らわせたのである）

　次にあげる be encountered の例は，いずれも基本的意味「遭遇
する」を基に拡張的に生じたと考えられる意味用法の例である。ま
ず，(5a, b) のように，「迎えられる」という意味の場合を指摘する
ことができる。

(5) a. As Cannonier was readying himself to make his way
to the Octagon, he was encountered by a kid from the
stands who kept repeating loudly to him that he could
beat anybody.　(Fox Sports Malaysia, 8 Nov. 2018; NOW)
（カノニーアが八角形リングへ足を進めようとしているとき，
観覧席から「どんな相手でもやっつけるぞ！」と一人の子ども
が彼に向かって繰り返す大きな声援に迎えられた）

b. For the earliest forms of Protestantism, faith was in
an incredibly deep category. […] Faith was the place,
the locale, where the human spirit was encountered
by the divine spirit ….

(*Church Times*, 3 Jan. 2020; NOW)

（最初期のプロテスタンティズムの形態において，信仰は信じ
られないくらいに深い意味を持つ概念だったのです。[…] 信
仰は人間の魂が神の魂に迎えられる場所であったのです）

　ついで，下記例文のように，「目撃される」「見出される」の場合
の例をあげることができるであろう。

(6) a. The whale shark was encountered six miles off the
coast of Port Aransas.

(Fort Worth Star-Telegram, 16 Aug. 2023; NOW)

（そのジンベエザメはアランサス港の沖合6マイルのところで目撃された）

b. Only six days before Coleman was captured, he <u>was encountered</u> in Scarborough town centre where he filmed police officers on his mobile phone and arrogantly suggested he would not be caught.

(The York Press, 31 Jan. 2023; NOW)

（コールマンは，逮捕されるたった6日前に，スカボローの街の中心部で，自分の携帯で警察官の姿を写真に収め，逮捕されるもんかと傲慢にもにうそぶいていたのを目撃されている）

なお，この意味の be encountered は，"Uh oh, an error <u>was encountered</u>." （おっといけねえ，エラーが見つかった！）や "Strong resistance <u>was encountered</u>." （強い抵抗にあった）のように，何か望ましくない事柄を主語の位置において，それに出くわすことを表すときにもよく用いられる。

受け身表現の行為者を表す by 句が by officers / police のような場合には，次の例に見るように，「警察による尋問・捜索を受ける」のような意味となる。

(7) a. Downin <u>was encountered by a Garland County sheriff's deputy</u> as she was traveling westbound on East Grand. (Arkansas Democrat Gazette, 15 July 2022, arkansasonline.com; NOW)

（ダウニンがイーストグランドを西に向かって車を走らせているときに，ガーランド郡の保安官代理による尋問を受けた）

b. When she <u>was encountered by uniform officers</u> in Costa Rica, she didn't give her true identity at first.

(yahoo!, 8 July 2022; NOW)

（彼女がコスタリカにおいて制服警官の尋問を受けたとき，最初，身元を正直には明かさなかった）

また，特にインド英語においては，行為者を表す by 句が by police, by officers のような官憲を表す場合には，「（容疑者を逮捕するため官憲が踏み込んだところ銃撃戦となり，容疑者が）射殺される」のような意味で用いられる。次の例文（8a, b）を参照。例文（8b）は表面的には by 句が用いられていないが，前後の文脈によりそれを意味的に補うことができるであろう。

(8) a. And the Bambiha Group is headed by Davinder Bambiha, one of the most dangerous gangsters. Davinder Bambiha was encountered by Punjab Police in 2016 because of his criminal activities.

(CanIndia, 26 Sept. 2023; NOW)

（暴力団バンビハの親分は，最も危険なギャングの一人であるダヴィンダー・バンビハである。彼は，数々の犯罪行為により，2016年にパンジャブ警察により殺害された）

b. Notably, Gurjant is brother of Jaspreet Singh Jassi, who was encountered along with dreaded gangster Jaipal Singh Bhullar in Kolkata.

(*The Hindustan Times*, 29 May 2023; NOW)

（注目すべきは，グルジャントは，恐ろしいギャングのジャイパル・シン・ブフラルとともにコルカタで警察により殺害されたジャスプリート・シン・ジャシの弟である）

インターネット英語辞書 Wiktionary には，動詞 encounter の4つ目の意味用法としてこのインド英語での用法をあげている。すなわち，"4. (*transitive*, *India*) To execute someone extrajudicially.

（人を法的手段によらないで殺害する）" をあげ，また受け身文を含むその具体例もあげている。さらに，少なくとも encounter の名詞用法の場合には，『ジーニアス英和辞典』第 6 版のように，「《インド》警察による犯人の射殺」の意味を掲載しているものも見られる。

また，encounter には「敵と遭遇する」「交戦する」の意味もある（『ジーニアス英和辞典』第 6 版参照）ので，次のような例文は，インド英語による記述かどうかにより，「射殺された」あるいは「遭遇した」のいずれにも解釈されうることになるであろう。

(9) That's when he held a rifle outside his front door and was encountered by an Austin police officer who quickly shot him while almost simultaneously ordering Moonesinghe to drop the gun, relatives said.

(yahoo!news, 3 Dec. 2022; NOW)

（それはちょうど，彼が玄関のドアの外でライフルを携えているときだったが，オースティン署の警官の一人に遭遇し，その警官がムアンシンに銃を捨てろと叫ぶとほとんど同時にすぐさま発砲したんだ，と親戚の者が語った）

ただし，この記事は，米国オースティンでの事件を報じた yahoo!news の記事であるので，「遭遇した」の意味の be encountered が用いられているということになる（ちなみに，ここでの who 以下の関係詞節は，コンマを用いない非制限用法となっている）。

次の例は，追撃・撃墜を目的として急発進してきた敵機に接近されることを報じたニュース記事である。

(10) After it approached the state border of Russia, the bomber was encountered by a Russian Su-27 fighter

from the alert air defense forces of the Southern Military
District and was ….

(Vestnik Kavkaza, 24 Oct. 2019; NOW)

（ロシア国境に近づいた後で，その爆撃機は南方軍事管区の緊急
航空防衛隊所属のロシア軍スホイ 27 戦闘機一機による急接近を
受け，…）

　上に述べたように，動詞 encounter には「（敵と）遭遇する，交
戦する」の意味もあるが，ビデオ映像を説明した次のような解説に
もあるように，上で報じられている事件は，実際には，遭遇した 2
機の戦闘機の間であわや交戦となりそうになった事件であった。

(11)　An interesting video showing the somehow unusual "close
　　　encounter" has emerged.　In this case, the Su-27 re-
　　　mained at "safe distance."

　　　（[これは] いくぶん稀な「あわや遭遇戦」となりそうな場面を写
　　　した興味深いビデオ映像である。この場合は，スホイ 27 戦闘機
　　　が「安全な距離」を保っていることがわかる）

3.3.　動詞 run into の場合

　「偶然出会う」の意味の run into の場合は，Kuno and Kaburaki
(1977: 643) のあげている下記例文が示すように，run into me は
ふつう不自然な文になる。

(12)　*John ran into me on the street.
　　　cf. I ran into John on the street.

　ただし，次のような例文においては，run into me が自然な表現
として用いられていることがわかる。

第3章 その他の相互動詞の場合 **139**

(13) a. I careered into Grey Street when I ran into Bax on his scooter, or rather, he ran into me. (Olywyn Conrau, *The Importance of Being Cool*, p. 33, 2010; Google Books)

(私がグレイ通りへと突進すると，スクーターに乗ったバックスに偶然出会った，というより，彼のほうが私に出会ったと言ったほうがいい)

b. "A very charming man," Joyce observed. "How did you run into him?" Jack asked. "He ran into me. He was leaving the men's room at the same time I left the ladies room. He asked if I was a new member." (Dwight E. Foster, *The Woman Who Ran Away*, p. 329, 2007; Google Books)

(「とても魅力的な男だわ」とジョイスは言った。「どんなふうにして彼と出会ったんだ」とジャックは聞いた。「彼のほうが私に出会ったんだわ。私が女子トイレを出たとき，ちょうど彼が男子トイレから出てくるところだったの。君は新しいメンバーかい，と彼は私に尋ねたの」)

c. If she ran into me now, she would definitely fall in love with me. I mean, it would be a little difficult not to. (Jesse Eisenberg, *Bream Gives Me Hiccups: And Other Stories*, 2015; Google Books)

(もし今彼女が俺に出会ったとしたら，彼女は確実に俺に惚れるだろうな。つまり，そうならないってことはちょっと無理だろうな)

これはどうしてであろうか。これらの例は，「双方がばったり出会う」というより，相手のほうを話題の中心に据えて，「彼／彼女の方が私に出会う」ことを強調した場面を描写している例文となって

いることに注意したい。すなわち，エンパシー制約に従っていない
ように見えるこれらの表現は，動詞 meet の場合にも見られる同じ
ような用法について Kuno（1987: 213ff.）が解説しているように，
「非意図的に自然に生ずる表現形態に従った，道理にかなった文」
であると言えるので，エンパシー関連制約による規制を受けないで
すむことになる。

　特に上記の例文（13a, b）の場合は，1.3.1.2 節で紹介したように，
Kuno（1987: 213）が「相手の言ったことに修正を加える形の文
（corrective sentence）」の例としてあげている下記例文（14）（1.3.1.2
節の例文（12）の再録）に相当する文であると言えるであろう。ただ
し，例文（13a）の場合は，「相手」ではなく「自分自身」の言った
ことに修正を加える形になっているという違いが見られるが。

(14)　Speaker A:　　John was telling me yesterday that he
　　　　　　　　　　hadn't met you before.
　　　Speaker B: a.　He met me at the party last night.
　　　　　　　　b.??I met him at the party last night.

Kuno は，「非意図的に自然に生ずる表現形態に従った，道理に
かなった文」の例として，他に「問い返し疑問（parrot question）」
および「同じ型の文（the same sentence pattern）」のことも説明し
ているが，それについては 1.3.1.2 節を参照。

　「偶然出会う」の意味での run into の受け身表現は，次の例
（Couper-Kuhlen（1979: 181））に見るように，一般的に不自然な文と
なる。

(15)　*John was run into downtown yesterday.（=meet acci-
　　　dentally）

　次の例文では，「ぶつかる」という意味の run into が用いられて

いるので，「相手の方が私にぶつかる」ことを表す run into me は
極めて自然な表現であることになる。

(16) "Did you get a look at the person who knocked you
over?" Detective Flanagan asked. "No. Nothing. I
think he was about the same height as me, and he's
strong. When he <u>ran into me</u>, it was like getting hit by
a truck. Knocked me flying."

(Michael Foley, *Rescued Hearts*, 2015; Google Books)

(「ぶつかってあなたを倒した人の顔を見ましたか」とフラナガン
刑事が尋ねた。「いいえ，まったく見てません。私と同じくらい
の背の高さで，強い男だったと思います。私にぶつかったとき，
トラックにぶつけられたみたいでした。人を吹き飛ばすようなぶ
つかりようでした)

また，その意味の受け身表現も，高見・久野 (2002: 198) のあ
げている下記例文 (17a) (ただし，日本語訳は筆者) や Google Books
検索による例文 (17b) などに見るように，なんら問題のない表現
であることになる。

(17) a. His car <u>was run into</u> by a truck parked further up the
hill that had its brakes fail.

(彼の車は，丘の上の方に止めてあった，ブレーキの故障した
トラックに衝突された)

b. An up passenger train from Ipswich, while standing
on the main line at ... <u>was run into</u> during a dense
fog by an up passenger train from Norwich.

(*Great Britain: Board of Trade*, 1889; Google Books)

(イプスウィッチ発上り旅客列車が濃い霧の中，本線の ... に

停車していたところ，ノリッジ発の上り旅客列車に衝突され
　　　た)

　「ぶつかる」の意味の run into の受け身文が一般的に自然な文と
なるのは，「ぶつけられて被害を被る」というように，受け身文の
表す典型的意味用法の一つに該当するからであると考えられる。こ
の場合，特に高見・久野 (2002: 218) が解説している英語の受け
身文に関する次のような機能的制約により説明できることになる。

(18)　英語の受身文に課される機能的制約：英語の受身文は，
　　　(i)　by 句が (明示されていない場合も含めて)，行為者
　　　　　か行為者に近いもの (つまり，経験者または外的使
　　　　　役者) を表わし，
　　　(ii)　主語指示物が，動詞の表わす行為や状態にインヴォ
　　　　　ルヴ [関与 (involve) (千葉)] しているか (インヴォ
　　　　　ルヴメント制約)，
　　　(iii)　特徴づけられたり，定義づけられている (特徴付け
　　　　　制約) 場合に，適格となる。

　なお，高見 (2011: 91f.) の提案している「受身文の状態変化制
約」(2.4 節の (20a) 参照) によっても同じように説明できることを
付け加えておこう。

3.4.　動詞 marry の場合

　久野・高見 (2017: 27) の言うように，動詞 marry も meet と同
じく相互動詞の典型であるとするならば，marry me のようにエン
パシー制約に違反する表現は一般的に許されないということが推測
されるであろう。事実，Kuno and Kaburaki (1977: 640) のあげ

ている次のようなデータからも，そのことが読み取れることになる。

(19) a.　John married Jane.

　　b.　Jane married John.

　　c.　John married his present wife in 1960.

　　d.　?John's present wife married him in 1960.

　　e.　?A 17-year-old girl married John.

　　f.　??A 17-year-old girl married me.

Kuno and Kaburaki (1977: 640f.) は，このデータについて，概略次のように説明している。すなわち，エンパシー制約に違反しない例文 (19a–c) に関しては，そのまま自然な文となるのに対し，エンパシー制約の見られる例文 (19d–f) に関しては，エンパシー制約違反を正当化するための何らかの特殊なコンテクストが必要となる。たとえば，(19d) の不自然さを払拭するためには，次のように，適当なコンテクストの中での文にする必要がある。

(20) a.　John's present wife got a divorce in 1959, and married John / him in 1960.

　　b.　John's present wife married him for money.

また，(19e) の場合には，次のようなコンテクストの中での表現としてなら自然な文として理解できることになる。

(21)　Speaker A:　No one seems to want to marry John.

　　　Speaker B:　Oh, no. A 17-year-old girl has just married John.

それでは，(19f) の場合はどうであろうか。不定名詞句 (Indefinite Noun Phrase) が動詞 marry の主語の位置を占め，話し手であ

る me が目的語の位置を占めている点で同じくエンパシー制約違反の見られるこの例文の場合は，Indefinite Noun Phrase > Speaker のようなエンパシーに関する階層関係（1.1 節の（4a, b）参照）を正当化するような特殊なコンテクストを考えることになる。例文（19d）および（19e）の場合は，それぞれ John's wife > John および Indefinite Noun Phrase > John のようなエンパシー階層関係による制約違反が見られ，これを正当化するコンテクストを見出すのは，上に示したように比較的容易であるが，いっぽう，（19f）に見られるエンパシー違反の場合は，それを正当化するようなコンテクストを思いつくのがより困難であるということを Kuno and Kaburaki（1977: 641）は指摘している。そのような困難にもかかわらず，（19f）が受け入れられるようなコンテクストを用意するとするならば，たとえば次のようなものが考えられるであろうと Kuno and Kaburaki（1977: 641, fn. 16）は下記例文（22）をあげている（日本語訳は筆者）。

(22) I was a disfigured war veteran, and thought that no one would marry me, but finally, a 47-year-old woman married me out of pity.
（私は醜くなった退役軍人で，結婚してくれる人など誰もいないだろうと思っていたが，ついに 47 歳になる女性が現れ，哀れに思って私と結婚してくれることとなった）

また，このようなコンテクストにおいては，動詞 marry が「行為者志向で自己制御可能な動詞（agent-oriented self-controllable verb）」として用いられているという重要な点についても Kuno and Kaburaki は指摘している（このことについては，上記例文（22）や下記例文（23）に付けた日本語訳参照）。

念のため，インターネットおよび OED 検索により筆者がこれま

第 3 章　その他の相互動詞の場合　**145**

で収集できた同種の例文の中から，いくつかを下に紹介し，ここで
取り上げた問題に興味をお持ちの読者諸賢の便宜を図りたい。

(23) a. Now throughout my 30s, I can benefit by declaring to
all through my prefix [= Mrs.] that someone <u>married
me</u>—I am "marriable."

(The Coast Halifax, 30 March 2017; NOW)

（今では，私は 30 代の年齢を通して，この Mrs. という敬称
のおかげで，世間のみんなに「私と結婚してくれた男がいる
──私は『婚姻適任者』だ」と宣言することで利益を得ている）

b. Lo and behold: I became a woman. I came to the
town, a man <u>married me</u>, and I bore from him two
boys. (Jane Garry and Hasan El-Shamy, *Archetypes and
Motifs in Folklore and Literature*, p. 60, 2017; Google
Books)

（なんと，私は女になっているではないか。それで，街にやっ
てくると，私と結婚してくれる男が現れ，二人の男の子をも
うけることができたのだった）

c. Somehow a woman <u>married me</u>, so this advice must
work. Being married, however, definitely affects your
career path. (Guy Kawasaki, *The Computer Curmudgeon*,
p. 40, 1992; Google Books)

（何とか私と結婚する女が現れたので，この助言は効き目があ
るに違いない。しかしながら，結婚していると，確実にキャ
リア作りに影響する）

d. She <u>married me</u> to advance herself in Army circles,
and have better contacts for what she considered ....
(E. Hemingway, *Across River & into Trees*, 1950; OED)

（彼女が私と結婚したのは，軍隊仲間内での自分の地位を高めるためでもあり，また，彼女が … だとみなしていた事柄に関して連絡をとりよくするためでもあった）

「〜と結婚する」の意味の動詞 marry の受け身文が不自然となることは，Lakoff and Peters (1969: 136) や久野・高見 (2017: 11) のあげている，それぞれ (24a), (24b) のような例文からも理解できるであろう。

(24) a. *Mary was married by John.
     b. *Mary was married by John just a year ago.

ただし，「〈牧師などが〉〜の結婚式を行う」のような場合には，次の例文 (25a) (Lakoff and Peters (1969: 136)) および (25b) (久野・高見 (2017: 235f. [付記 3])) に見るように，受け身文が適格となることも知られている。

(25) a. John and Mary were married by the preacher
     b. Dick and I were married by the priest on March 20, 2010.

3.5. 動詞 date の場合

「〜とデートする」の意味の相互動詞 date について，ここでは単に，エンパシー制約違反の見られる date me の表現が一般的に許される（下記例文 (26a-c) 参照）ということと，受け身用法が許されないということを指摘するにとどめることにしたい。

(26) a. No one dated me. I looked plain. Crooked teeth. Nobody taught me makeup or hair.

(*New York Post*, 21 April, 2022; NOW)

（私とデートする男は誰もいなかったの。器量が並だったし，歯が曲がっていたし。誰も私にお化粧や髪の手入れを教えてくれなかったわ）

b.　Another guy dated me three times, which I thought showed real interest. But ….

(Peak, 6 May 2022; NOW)

（別の男が 3 回も私とデートしてくれたわ。それって，私に本当に興味を示したからだと思ったの。でも …）

c.　Warren Graves wants to date me for the Deuces Wild party Saturday night.

(W. Fabian, *Sailors' Wives*, 1924; OED)

（ウォレン・グレイヴズは，私を土曜日のデュースワイルドパーティーにデートで連れ出したいんだわ）

3.6　動詞 resemble の場合

久野・高見 (2017: 27ff.) は，次のような例文に見られる文法性の違いについて，下に示すような趣旨の説明を加えている。

(27)　a.　**I resemble John Smith.**
　　　b. ??/***John Smith** resembles **me**.

すなわち，例文 (27a) は，話し手が自分を主語にしているので，「発話当事者の視点制約」に適っているのに対し，(27b) は，John Smith を主語にして，彼寄りの視点をとっているので，「話し手は常に自分の視点をとらなければならない」とするこの制約に違反することになり，不自然な文となると説明している (p. 29)。

また，話し手が自分自身を「類似の基準」（下にあげる (34) 参照）

148

にしている (27b) に関しては,「この文の話し手が信じられないく
らい自己中心的で (incredibly egocentric),世界があたかも自分を
中心に廻っているかのように思っているようだ」(p. 29) との英語
母語話者が抱く感想も紹介している。

ただし,resemble me が自然と感じられるような内容の文をイ
ンターネット検索により見出すことも可能だと思われる。下記例文
参照。

(28) a. Col doesn't resemble me at all, but he was a great
guy to play.　　(Telegraph & Argus, 12 Feb. 2023; NOW)
(コールは私に似たところは全然ないが,試合相手としては偉
大な人物だった)

b. I am said to resemble them and they are said to re-
semble them and they are said to resemble me.　(Ulla
E. Dydo and William Rice, *Gertrude Stein: The Language
That Rises: 1923-1934*, 2008; Google Books)
(私が彼らに似ていると言われたり,彼らが別の彼らに似てい
ると言われたり,また,彼らが私に似ていると言われること
がある)

c. "Do you really think so? The child certainly does not
need to resemble me, but I have always hoped that
she resembled her mother ...."
(Johanna Spyri, *Cornelli*, 2023; Google Books)
(「本当にそう思うかい。あの子は私に似ている必要は確かに
ないんだが,でも,彼女の母親には似てほしいとずっと願っ
てきたんだ ...」)

話し手自身が「誰かが自分に似ている」ことを断定的に主張して
いる例文 (27b) とは異なり,(28a-c) には,そのような主張は込

められていないので，自己中心的で横柄な態度だとの印象を聞き手に与えることのない自然な文であるということになるのであろう。

なお，resemble には，meet や marry などにはない特異性が見られるとして，久野・高見 (2017: 26ff.) は次のような事実を指摘している。まず，meet, marry などとは異なり，resemble の場合には，A and B resemble のような表現が許されないという事実がある。下記例文 (p. 27) 参照 (Lakoff and Peters (1969: 133) にも同じような事実指摘が見られる)。

(29) a. *John and Bill resemble.
　　 b. *Bill and John resemble.
　　 c. 　John resembles Bill. (ジョン寄りの視点)
　　 d. 　Bill resembles John. (ビル寄りの視点)

(29a, b) のような不適格な文は，resemble の後ろに each other を加えることにより，次のような自然な文が得られることになる。

(30) a. 　John and Bill resemble **each other**.
　　 b. 　Bill and John resemble **each other**.

このような事実から，相互動詞の典型である meet や marry とは異なり，resemble は純粋な相互動詞ではないということになる (久野・高見 (2017: 27))。

動詞 resemble の持つさらなる特異性として，久野・高見 (2017: 28ff.) は次のような興味深い言語事実も取り上げている。すなわち，例文 (31)–(33) の (a) の文が自然な文であるのに対し，(b) の文はいずれも不適格な文であるという事実である。

(31) a. 　John resembles his father.
　　 b. *Mike resembles his son.

(32) a. None of Mary's children resembles her.

b. *Mary doesn't resemble any of her children.

(33) a. **This girl** resembles **Marilyn Monroe**.

b. ***Marilyn Monroe** resembles **this girl**.

このような事実を説明するために，久野・高見 (2017: 29) は次のような「Resemble の類似の基準制約」を提案している。

(34) Resemble の目的語は，主語指示物が目的語指示物に似ているという際の「類似の基準」として機能する。そのため，目的語が類似の基準となり得ない場合，A resembles B. (e.g. *Mary resembles her daughter.) とは言えない。

すなわち，このような制約の存在により，社会的常識的に言って，子どもは親に似たり，似なかったりするが，親が子どもに似たり，似なかったりするということはあり得ない (上記例文 (31), (32) 参照)。また，ある少女が社会的に有名な女優のマリリン・モンローに似ているとは言えるが，その逆は言えない (上記例文 (33) 参照) ということにもなる (p. 28)。

このようなことから，相互動詞の典型である meet や marry とは異なり，resemble は純粋な相互動詞ではないということになる。

ただし，次のような日本語表現が可能なところをみると，もう少し慎重な言い方が必要になるかもしれない。

(35) あの爺さんは骨張った娘と較べてどこも似た所がない．

(夏目漱石『永日小品』)

さらに，次のような例文はどうであろうか。

(36) a. 初めて孫たちに会えるのを楽しみに，私の両親が田舎から上京した。私が私の子どもたちの誰とも似ていな

いのに気づいた両親は，私の妻を疑い始めた。

b. その子どもたちのうちのどの子どもと似ているかどうかで，その人物がどの子どもの親であるかを視聴者に当てさせるテレビ番組。

c. ある日のこと，妻がある男性を私の家に連れてきた。妻に紹介されたその男性を始めて見た瞬間，私の息子にあまりにもよく似ているので，私は驚きを隠すことができなかった。

なお，動詞 resemble には，Fillmore (1970: 262) の指摘する次のような特徴も見られる。すなわち，NP₁ resembles NP₂ の両方のNP が，ともにある特定の人物やものを指示する場合には，普通に言う「相互的，対称的」な意味関係を表すと言えるが，次の例文のような場合には，むしろ「NP₁ を見ると NP₂ のことを思い起こす」のような意味内容を表すと言えるであろう。

(37) Your brother resembles a horse.

つまり，このような用法の resemble の場合には，「NP₁ resembles NP₂ が成り立てば，NP₂ resembles NP₁ も成り立つ」という，多くの相互動詞の場合に見られるような論理関係は成立しないことになる。このような場合，「NP₁ を見ると NP₂ のことを思い起こす」のような意味内容からも推測できるように，NP₁ と NP₂ 以外に三つ目の項として「経験者」としての意味役割を持つ NP，すなわち，発話者である I または me が背後に潜在的な形で隠れていると言えるが，いっぽう，発話者が顕在的な形で表面に現れた場合が，次のような remind 用いた表現であると Fillmore は説明している。

(38) Your brother reminds me of a horse.

152

次の例文が示すように，受け身表現 "be resembled by …" は一般的に許されないと考えられる。

(39) a. *His father is resembled by John.　(Cowan (2008: 403))
     b. *Susan is resembled by Lucy.　(久野・高見 (2017: 269))

このような事実に関し，久野・高見 (2017: 15) は次のような例文をあげ，

(40) a. *Bill **was met** by John in Harvard Square today. [＝第2章 (16b)]
     b. *Mary **was married** by John just a year ago. [＝(24b)]

「相互動詞は，どうしてこのように受け身にならないのでしょうか」と問いかけ，これらの動詞は，受け身文の満たすべき基本的条件，すなわち「受身文は，行為者 (準行為者) や経験者がある対象に対して何かを一方的に行ったり，何らかの心理状態を持つ場合に，話し手が，その対象者寄りの視点をとって述べた文」(p. 16) を満たしていないから不適格となる，と説明している (この条件は，3.3節の (18) にあげた機能的制約に修正を加えたものと思われる)。次の例文に見るように，動詞 resemble の受け身文が不適格となることについても，この条件を基に同じように説明している (p. 26)。

(41) *Susan is resembled by Lucy.

なお，Halliday (1967: 68) が resemble は一般に受け身にならないものの，下記例文 (42a) のような受け身文は適格だとしていることに対し，久野・高見の調査した英語母語話者たちはこの文を不適格と判断し，この場合も (42b) のように能動文で言うのが普通であると答えたことを報告している (久野・高見 (2017: 236, [付記4]))。

第3章　その他の相互動詞の場合　　153

(42) a.　Mary isn't resembled by any of her children.

　　 b.　None of Mary's children resembles her.

Rice（1987a）も resemble を一般的に受け身文になりにくい動詞の一つに加えているが，ただし，受け身文が可能となる場合の一般的特徴について考察する中で，resemble についても受け身文が可能となる場合があることを例をあげながら説明しているので，まず，受け身文は一般的にどのような場合に可能となるかについての Rice の見解を以下紹介したのち，Rice のあげている resemble の受け身文の例も取り上げてみたい。

Rice（1987a）が力説する主要点を述べると，受け身可能性というものは，問題になっている動詞そのものの持つ基本的意味に加えて，具体的文の中におけるその他の（語用論および談話文法にもかかわる）要因による総合的働きにより他動詞性（transitivity）が醸し出された結果，受け身可能となることがあるという事実に留意しなければならない，ということになる。つまり，個々の動詞について，受け身が可能かどうかを示す場合，普通は，そのような具体的文あるいはコンテクスの働きから一応切り離して，その動詞自体の持つ基本的意味から判断される一般的特徴としての受け身可能性を問題にしているものと理解する必要がある。

　ある特定の動詞について，一般的に受け身表現を許さないという場合，特に，三人称の定名詞句（definite NPs）を主語および目的語とする単純現在形として用いられた場合をいうのであり，しかも，その動詞の持つ意味のうち，少なくとも未完了の（imperfective）の意味を表す場合という限定がつくことになる（Rice（1987a: 163）参照）。

　これは，一般的に，ある特定の人物あるいは個人についての事柄を問題にしているのか，それとも大勢の人に当てはまるような総称

的 (generic) 事柄を問題にしているのかの違いが，文の持つ他動詞性に影響するからである。さらに，動詞の表す相 (Aspect) の違いに関して言えば，完了相を表すか，それとも未完了相を表すかの違いが文の持つ他動詞性の違いに影響するという事実とも関係することになる。

Hopper and Thompson (1980: 252) は，他動詞性にかかわる 10 種類の特性として，PATICIPANTS, ASPECT, PUNCTUALITY, VOLITIONALITY, MODE, AGENCY, INDIVIDUALITY (of object) などの特性をあげているが，上に説明した事柄は，このうちの INDIVIDUALITY (of object) と ASPECT の特性にそれぞれ関係することになる。

Hopper and Thompson も，上に取り上げた Rice (1987a) の場合と同じように，問題となっている他動詞性は，動詞そのものの特性というより，むしろ種々の要因が織りなす文全体の持つ特性であると捉えていることに留意したい。なお，上記の PATICIPANTS は動詞に目的語をとるかとらないかの違いに関係し，また，PUNCTUALITY は動作の始まりと終わりにはっきりした区切りが感じられるかどうかの違い，VOLITIONALITY は対象物に対する行為者の行為の効果がはっきりと現れるかどうかの違い，MODE は直説法 (realis) で述べられているか仮定法・叙想法 (irrealis) で述べられているかの違い，AGENCY は行為者の意図がはっきりと現れているかどうかの違いにそれぞれ関係することになる。

Hopper and Thompson (1980: 252) のあげている 10 の特性の中には，上記 8 つの特性の他に，さらに KINESIS と AFFIRMA-TION の特性が含まれている。この二つの特性は，動作・動きを表しているのか，それとも状態を表しているのかの違い，および，肯定文か否定文かの違いをそれぞれ表している。

以上取り上げた特性は，いずれも，それぞれの値が大きいか小さ

いかの二項対立的特性（パラメータ）として捉えられていて，しかも，これら他動詞性を示すパラメータが文の中に形態・統語的に明確な形で表れるとも考えられている。典型的な他動詞性は，これらの特性の動的・総合的働きによって形成されることになる。

Rice（1987a）はこのような他動詞性の総合的な捉え方を高く評価しつつも，他動詞性と密接にかかわると一般的に考えられている受け身可能性の現象は，このような捉え方ではうまく捉えられないことがあり，さらなるきめ細かい分析が必要であると主張している。特に重要なのは，他動詞性のパラメータの値により他動詞性がそのまま直接的に生み出されると考えるのではなく，ある具体的文が「行為とその効果（action-effect）」を表す典型的な図式にどの程度近づいているかどうかで，その文の持つ他動詞性が判断されるとする捉え方である。その際には，その文の表す内容だけでなく，表されている事象（event）を描出・記述している話し手がそれをどのように捉えているか，理解しているかの解釈も重要な働きをなすと Rice（1987a）は考える（この点に関するさらに詳しい解説については，Rice（1987b）も参照）。

Rice（1987a）には，そのような観点から説明できる事実を示す興味深い英語の例がいくつか示されているが，ここでは，その中から，動詞 resemble に関して Rice（1987a: 180）が取り上げているものを引用してみたい。まず一般的に，典型的な他動詞的事象は「非対称的（asymmetrical）」で，「一方向的（unilaterally directed）」で，「時間的に区切りが感じられる（punctual）」という性質（あるいは「完了的（perfective）」性質）を持っている。その中の非対称的とは反対の「対称的（symmetrical）」（で，しかも「未完了的（im-perfective）」な）性質を持った動詞の例としては，Rice（1987a: 164）が指摘しているように，次のようなものがある。これらの動詞は，本書で「相互動詞」として分類されているものに相当すると

156

思われる。

(43) connect, equal, fit, intersect, join, look like, mirror, resemble, rival

　動詞の持つ他動詞的性が受け身可能性と密接なかかわりがあると
すれば，これら対称的で未完了的動詞は，一般的に受け身文になり
にくいということが推測されるであろう。確かに，これらの動詞の
うち，equal, fit, look like, resemble, rival は，一般的に受け身
文になりにくいと言えるが，いっぽう，残りの動詞 connect, in-
tersect, join, mirror の場合は，一般的に受け身文を許すという性
質がある (Rice (1987a: 164) 参照)。[3]

　興味深いことには，一般的に受け身文になりにくいとされる動詞
resemble の場合は，かなりの程度，対称的で未完了的な性質を持
つ動詞でありながら，一方では，少々非対称的なところもあると言
える。なぜなら，resemble はふつう何かを基準として，それに対
して「似ている」と言うのであるから，主観的に言って，比べられ
るものが先にあるか，思い浮かべられていることになるので，その
意味においては，少々非対称的とも言えるであろう（このことに関
連する事柄については，上で (34) としてあげた久野・高見の提案
による「Resemble の類似の基準制約」参照）。ということは，re-
semble には，他動詞性を示す要素の一つを備えているような用法
の文も考えられるということにもなる。

　そこで，Rice に従って，resemble からなる具体的受け身文を取

---

　[3] このように，未完了的動詞の仲間には，一般的に受け身文を許すものと，受
け身文になりにくいものとがあることがわかる。詳しくは Rice (1987a: 164)
を参照。そこには，そのいずれであるかの違いを，かなりの数の未完了的動詞に
ついて，さらに「対照的」「概念的」「連続的」「感情的」などいくつかの下位グ
ループに分類しながらリスト化したものが示されている。

第3章　その他の相互動詞の場合　　157

り上げみることにしょう。まず，次の例文 (Rice (1987a: 180)) が示すように，また，上ですでに紹介した例文 (39a, b) に見られるように，この動詞は受け身文になりにくいという性質がある。

(44) a.　Tommy resembles the milkman.

　　 b.　*The milkman is resembled by Tommy.

ところが，他動詞性を典型的に示す特徴のうち，上に取り上げた非対称性以外の意味特徴を盛り込んだような表現として表した場合には，次のような受け身文が示すように，比較的に，あるいは完全に自然な文となりうるという事実があることを Rice は指摘している (p. 180)。

(45) a.　The milkman used to be resembled by Tommy.

　　 b.　The milkman isn't resembled by Tommy at all.

　　 c.　The milkman couldn't possibly be resembled by Tommy.[4]

　　 d.　The milkman is unmistakably resembled by Tommy.

　　 e.　Everyone is resembled by someone.

たとえば，(45a) の場合は，used to の使用により，時間的に完結した事柄を表していることになる。また，(45b-d) の場合は，「似ている」という事柄そのものより，話し手の判断の中で，似ている程度がどのくらいのものであると思われるかを示す抽象的ス

---

[4] 同じような例として，次の例 (Rrice (1987a: 28f.)) の中の特に (ic) を参照。

　(i) a.　Your son resembles my husband.

　　 b.　*My husband is resembled by your son.

　　 c.　My husband couldn't possibly be resembled by your son (because he's never been unfaithful).

158

ケールの上での両極的値，すなわち，「まったく似ていない」とか「紛れもなく似ている」を表しているという点で，通常は自動詞的な節が上のような事情により他動詞的な節へと変化したと考えられる結果，受け身表現を可能ならしめていることになる。さらに，(45e) の場合は，「あらゆる人」「少なくとも一人」のような極端な数値を表す数量詞 every, some からなる名詞句 everyone, someone, すなわち，問題となっている事象にかかわりうる人がどのくらいいるかを表す数量スケールの中で，総称的参与者 (generic participants) を表す名詞句の使用により受け身文が可能となっている。ただし，それが他動詞性を示す典型的な場合の一つとなるのはどうしてかについては，はっきりしたことはわからないと Rice (1987a: 181) は述べている。[5]

　類例の一つとして，インターネットの app.ludwig.guru の Search 機能により "is resembled" を入力して得られる引用例文の中から，次のようなものを加えることもできるであろう (4 Feb. 2024 調べ)。

---

[5] Rice (1987a) のアイデアを基に，岩本 (1992: 102) は次のような例をあげ，(ib) の受け身文が可能となる理由として，「この場合，have to という法助動詞に等しい意味をもつ要素が文に加わることで主語への義務性が生じて meet の対称性が崩れ，そのために受動態が許されることになると考えられる」のような説明を与えている。

(i) a. Tell me why I had to meet you.
　　b. Tell me why I had to be met by you.

ただし，不定詞による meet の受け身表現 to be met の場合には，おそらく上記例文 (ib) が該当すると思われる「面会する」や「インタビューを受ける」の意味の場合を含め，meet のさまざまな意味用法に対して，広く受身用法が可能ではないだろうか。「出会う」の意味での to be met の例については，2.6 節の例文 (43a-e) 参照。したがって，to be met が「義務性」がかかわる場合に限定されると言えるかどうかが残された問題となるであろう。

第3章　その他の相互動詞の場合　159

(46) She is resembled by their daughter, Freda, a girl who
seems to have committed herself to dressing in nothing
but black and purple since she entered Sarah Lawrence.

(*The New Yorker*)[6]

(彼女は，自分たちの娘フリーダ――サラ・ローレンス大学に入学
して以来，もっぱら黒と紫の服を着るよう努めてきたらしい少女
――に似ている)

この文に用いられている動詞 resemble は，純粋な相互動詞として
の性質を脱却して，受け身表現を許すような他動詞として用いられ
ているようにも見えるかもしれない。つまり，their daughter が受
身文の主語の she に似るように意図的に努めているようなニュア
ンスを持った表現になっているようにも見えるかもしれない。しか
しながら，筆者としては，この受け身表現は，文体的理由によって
そうなっているものと理解したい。すなわち，まず，この文の先行
文脈において，She を主題（主語）とする文が用いられているので，
それに続けて，この文でも同じ人物を主語とするような文を用いる
ことが期待されるところである。さらに，この文では，「彼女（と
その夫）の娘が彼女に似ている」ことを述べることになるのである
が，その文を，新情報としての "their daughter" を主語とし，主人
公の she を目的語の位置に置く "Their daughter resembles her"
のような文としたのでは，エンパシー制約違反の文になってしまう
恐れがある。しかも，"their daughter" の後ろには，その同格名詞
句として，Freda 以下のかなり長めの名詞句（専門用語で言う「重
い名詞句（heavy NP）」）が続くことになるので，それをそのまま
主語の位置に据えることは，文体的に不自然な文を生じさせてしま

---

[6] 調べてみると，この例文は Louise Erdrich, "Revival Road," *The New York-
er*, 17 April 2000, p. 106 から引用したものであることがわかる。

うことになる。このような理由により，普通は許されないはずの She is resembled by Frieda に相当する受け身構文を用いることとなったものと考えられる。

　もしこのような理解の仕方が正しいとするならば，(46) にあげたような例は，上で (45a-e) の受け身文について解説している Rice による説明のいずれにも該当しないことになる。したがって，例文 (46) のような例文を基に，特に文体的な理由による resemble の受け身の使用の場合を，他動詞性を帯びたためと言えるかどうかの問題はとにかくとして，resemble の受け身が許される場合の理由の一つに加えることができるかもしれない。なお，2.7 節において解説したように，出会いの後の主人公との「かかわり」に関する情報が提供されている場合には，「偶然に出会う」という意味での meet の受け身表現の使用が許される，というような捉え方がもし正しいとするならば，そのような受け身文の用法が，上で取り上げた Rice による受動文研究の枠組みに収まるかどうかの検討も必要になるであろう。

3.7. 動詞 look like の場合

　久野・高見 (2017: 12) があげている，meet 以外の相互動詞の例の中から，最後に動詞 look like の場合を考えてみよう。look like も上の 3.5 節で取り上げた動詞 date の場合と同じように，一般的に look like me の表現が許される一方で，look like の受け身表現は不自然になるという性質があることを指摘できる。まず，下記例文は，エンパシー制約違反の見られる look like me を含んだ例文の場合である。

(47) a.　The gym owner added: "He not only looks like me

第3章　その他の相互動詞の場合　　161

but is a super athletic as well.

(dailystar.co.uk, 13 Jan. 2024; NOW)

（ジムのオーナーは言葉を続けた。「彼は俺に似ているだけでなく，抜群に運動能力があるんだ」）

b. I look at DJ and I think, 'She looks like her dad,' but everyone thinks she looks like me.

(birminghammail.co.uk, 6 July 2023; NOW)

（私は DJ を眺め，「彼女は父親に似ている」と思う。でも，みんなは，彼女は私に似ていると思っている）

c. "I got out of the car and I look at him and I'm like, 'Wow, I look like him.' Yeah, he looks like me, that's for sure," O'Neil recalled.

(abcNEWS, 18 April 2023; NOW)

（オニールは次のようなことを思い出していた。車を降りた私は，彼を眺めて思わず「わあっ！　私は彼に似てる」って声に出したことと，「ほんと，確かに彼は私に似ている」って思ったことを）

また，動詞 look like の受け身文が不自然な文になることは，下記例文（48a, b）からも頷けるであろう。

(48) a. *Mary is looked like by John. （岩本 (1992: 110, 註 10)）

b. *The twin is looked like by his brother.

(Taylor (2015: 199))

上にあげた相互動詞の例のリストには含まれていないが，同じく相互動詞の仲間だと考えられる動詞 come across を次に取り上げて，この章を終えることとしたい。

3.8. 動詞 come across の場合

「私と誰か（何か）が偶然出会う」という意味を相互動詞 come across を用いて表すとすれば，普通は NP comes across me を用いないで，エンパシー制約に従った表現 I come across NP の方を用いるであろう。したがって，次の例文に前者の表現のほうが用いられているのは，何かの事情があってのことであろうと推測される。

(49) a. So did I go back to chasing rabbits? Yes and no. Yes, I went back to chasing rabbits, but I chased no rabbits. I got side tracked just a bit. How? I came across a deer, or more likely, a deer came across me. Not exactly across, more like run over. (Michael E. Schultz, *White Rabbit*, p. 106, 2010; Google Books)
   （そこで，犬の私はウサギを追いかけることを再びやり始めたのだったろうか。そうだとも言えるし，そうではないとも言える。確かに私はウサギ追いの仕事に戻ったのだが，ウサギを追いかけはしなかった。私は少し横道に逸れてしまったのだ。どんなふうにだって？ 私は一頭の鹿に出会った，と言うより，もっとありそうなことだが，鹿のほうが私に出会ったのである。正確に言うと，出会ったではなく，鹿に轢かれそうになったと言ったほうがいいだろう）

   b. "When did your father die?" "Five years ago." "Do you miss him?" Lindy shook her fair head. "Not at all. We were never close. We scarcely even spoke. Sometimes I wondered if he would recognize me if he came across me somewhere outside of this house —if we met at a party in Gissel Plain, for instance

….”　(Sharon Shinn, *Fortune and Fate*, 2017; Google Books)

（「お父さんが亡くなったのはいつなの」「5 年前よ」「寂しくなくって」リンディは金髪の頭を横に振った。「ぜんぜん。私たち，ちっとも親しくなかった。口を聞くことさえほとんどなかったの。私時々思ったわ。もし，父がこのうちの外のどこかで私に出会ったとしたら，私のことわかるかしらってね。たとえば，ジゼルプレインでのパーティーでお互いが出会ったとしたらね …」）

c.　Austin's teacher came across me trying to drag the turkey carcasses to the car. […] It looked like I was dragging a body to the car.　(Blog: "Triplets Plus One = Four Times The Fun: Remember Me This Way!," 2012; COCA)

（私が七面鳥の死骸を車まで引きずって行こうとするところをオースティンの先生に見つかってしまった。[…] 私が死体を車に引きずって行くように見えたのだった）

d.　While I was thinking and wondering where I should go, suddenly a few Janissaries came across me.　I went straight up to them.　(Jan Schmidt, *The Joy of Philology*, p. 285, 2002; Google Books)

（私はどこへ行ったらいいだろうか思いあぐねていた，とそのとき，突然トルコ皇帝の親衛隊隊員が何人か私の方にやって来た。私はまっしぐらに彼らに駆け寄った）

e.　"A huge panic came across me …."

(*New York Times*, 15 Dec. 2011)

（「私はひどいパニック状態に陥った」）

すなわち，(49a) の場合は，すでに上の 3.3 節で取り上げた相互動詞 run into について説明したときの例文 (13a, b) の場合と同じように，私と相手の双方が対等の関係で出会うのではなく，私よりむしろ相手側に焦点をおいたような出会いを描写した文となっている。これはちょうど，3.4 節の相互動詞 marry の場合にも見られたように，動詞 come across が，「行為者志向で自己制御可能な動詞 (agent-oriented self-controllable verb)」として用いられているかのような振る舞いを見せているというふうに捉えることもできるであろう。

例文 (49b) も双方の偶然の出会いを意味する come across を用いた例となっているが，if he came across me は従属節を構成しているので，動詞 meet に見られるエンパシー制約違反の場合のときと同じように (1.3.2.2 節参照)，一般に，エンパシー制約は従属節の内部までは影響が及ばないということにより説明できるものと考えられる。あるいは，文脈からも明らかなように，話題の中心が he に置かれていることから，エンパシー階層の位置が逆転したかのように見えるこのような表現が許されるという解釈が成り立つかもしれない。このような捉え方もまた，動詞 meet の場合に取り上げた現象 (1.3.1.1 節参照) と同じである。

次に上記例文 (49c) はどうであろうか。これは「人が～しているところに偶然出くわす」という意味の come across の例なので，「双方が偶然出くわす」の意味の come across に対する制約の対象とはならない，したがって，問題とならないと考えられるであろう。

例文 (49d) の場合も，厳密な意味での相互動詞としての come across を用いた例ではないとみなすことができるであろう。

最後に，(49e) も意味内容から，問題の制約の対象とはならない come across が用いられていることは明らかであるように思わ

れる。

さらに，双方の偶然の出会いを表していると思われる次のような
例においても，相手のほうに「主導権」があり，こちらはむしろ受
け手の立場に置かれるような出会いを描写していると理解できるの
で，これまた，問題の制約に違反しているとは言えないであろう。

(50) a. MY PHONE PINGS. It's a message from Leigh
Johnson, a woman I went to high school with in Dan-
denong three decades ago. We were not really mates,
but she came across me on Facebook and is wonder-
ing what I've been doing with myself.

(independentaustralia.net, 26 Aug. 2022; NOW Corpus)
（私の携帯の着信音が鳴る。30年前にダンデノンで高校が一
緒だった女性，レイ・ジョンソンからのメールだ。私たちは
実は友達というわけではなく，彼女がフェイスブックで私を
見つけたの。で，近頃どうしているのかなってメールをくれ
たわけ）

b. He sort of has that godfather of the locker room aura
about him. When he first came across me and had
some very kind words to say, I took it as a huge
badge of honor. (dallasnews.com, 31 March 2022; NOW)
（彼にはどこかロッカールームのゴッドファーザーっぽいオー
ラが漂っていた。彼が初めて私の前に現れて，とても親切な
言葉をいくつかかけてくれたとき，私はそれをとても大きな
名誉の印のように受け取った）

c. He decided to give it a try, and upon searching the
numerous women he came across me. Once again.

(Mirror.co.uk, 14 May 2012; NOW)

（そこで彼はそれを一度やってみようと決心して，その多くの
女性を検索しているうちに私に出会ったの。これで 2 回目だ
けど）

d. Ever after when he came across me his eye expressed
the feeling to which his disappointment gave rise.

(*The New York Times*, 14 Aug. 1881, p. 9)

（彼が私に出会って以来ずっと，彼の目には落胆の色が表れて
いた）

すなわち，これらの例文に先立つ文脈の中で，he / she を話題の
中心とした記述方式が取られているので，he / she のほうが me よ
りエンパシー階層の上位を占めることが可能となっているのであろ
う（1.3.1 節参照）。

受け身表現 be come across については，Palmer (1988: 232ff.)
が次のように指摘している。すなわち，文字どおりの意味 (literal
meaning) を表すかどうかで，come across の受け身表現の容認度
に差が出ることがある。たとえば，次の例文に見るように，文字ど
おりの意味の場合は受身文が一般的に許されないが，文字どおりの
意味でない場合には，完全に不自然な文にはならないことがある。

(51) a. He came across the road.

（彼はその道路に出くわした）

b. *The road was come across.

(52) a. He came across the missing papers.

（彼は紛失した論文を偶然見つけた）

b. ?The missing papers were soon come across.

動詞句 come across のここで言う「文字どおり」の意味が，厳密
には，幾つかの意味用法のうちのどの部分を指すのか，必ずしも明

確ではないようにも思われる。

「(偶然)出くわす」の意味の受け身表現 be come across は，『ジーニアス英和辞典』第6版も指摘するように，一般的に許されないようである。インターネット検索などにより見出される実際の例は，下記例文 (53a, b)，(53c)，(53d) に見るように，それぞれ「モノを見出す」，「に接する」，「人に〜だと思われる」などの意味を持った be come across の例であることが多い。

(53) a. Many evidences are come across of the terrible force of the blast, as here and there pieces of human flesh and bone are turned over with pick and shovel.

(*The New York Times*, 14 Dec. 1908)

(人の手やシャベルで人の肉片や骨があちこちで掘り起こされるに伴い，その爆発事故のものすごい威力のほどを示す多くの形跡が明るみになっている)

b. Bodies are come across singly and in groups, and the work of removing them goes painfully and persistently on.　　　　(*The New York Times*, 4 June 1889)

(いくつもの死体が単独で，あるいはまたグループをなして見出され，それを片付ける仕事が，悲しみのうちにも延々と続いている)

c. There is no certainty as to what color of adiactinic medium may not be come across on entering a strange dark-room.

(*Camera* October 395/2, 1904; OED, s.v. *adiactinic*, adj.)

(奇妙な暗室に入った途端，どんな色の余熱媒体にさらされるかわかったものではない)

d. Children who are come across as "shy" often have a

more difficult time with separation anxiety.

(Huffington Post; app.ludiwig.guru)

(「恥ずかしがり」だと思われている子どもたちが，分離不安障害を伴う場合には，しばしば，さらに困難な状況に陥ることとなる)

なお，come across に関する観察を終えるにあたり，日本語の古典に見る「修行者あひたり」の表現に相当する用い方をした come across me の例ではないだろうかと思われるものを一つ紹介したい。

(54) "As I was going to drive away two girls on a bike <u>came across me</u>, I then got out and saw one girl lying under the car …."　　　　(The Independent, 10 May 2013; NOW)

(車を運転していると，自転車に乗った二人の女の子が目の前に現れたんだ。それで，車を降りてみると，女の子の一人が車の下に横たわっているのが見えたんだ …)

これは，実際には，その女の子がこの車に轢かれて（その後）死亡した事故を報じたニュース記事の一部である。この運転者は，自分の起こした事故の様子を正確には供述できてないようであるが，この供述では，「気がついたら，車の目前に自転車に乗った二人の少女の姿が現れた」のようなことを述べようとしていることがわかる。これは，日本語の古典に見られる「修行者あひたり」に相当する用い方をした come across me の例と言えるのかもしれない。

3.9.　まとめ

以上この章では，meet 以外の相互動詞として代表的なものを幾つか取り上げ，特に次の二つの点から，それぞれの動詞の特徴を具

第 3 章　その他の相互動詞の場合　　169

体例を基に観察するとともに，ある程度の考察を加えてみた。まず一つ目として，少なくとも表面上はエンパシー制約違反を起こしているように見えていて，実際には許される文になる場合がどのくらい見られるかの観点。これは，特に，話し手を表す me を目的語とする表現がどの程度見られるかという点に絞ってデータ観察を試みてみた。二つ目として，動詞 meet の場合に見られるような受け身表現が許されるかどうか。もし許される場合は，その理由としてどのようなことが考えられるかについて説明を試みてみた。

　その結果，一つ目の表現に関しては，この章で取り上げた動詞の全ての場合に，特に，話し手を主語の位置ではなく目的語の位置に置くことが期待される，あるいは，むしろそれを必要とするような談話の流れの中では，encounter me や run into me などの表現が，少なくとも表面上はエンパシー制約違反の形をとっているにもかかわらず，自然な表現として用いられるということがわかった。これは，Kuno and Kaburaki (1977) を代表とするエンパシー制約についての先行研究が指摘するように，エンパシー制約違反を正当化するための何らかの特殊なコンテクストが与えられる場合には，問題となっているエンパシー制約の対象とはならないという，エンパシー制約の持つ一般的特徴に合致する現象であると考えられる。このことは，ひいては，一般的に厳密な文法的規制を生み出す文法内部のメカニズムと異なり，談話の流れなどとも密接なつながりを持つ語用論的規制としてのエンパシー制約（詳しくは，1.4 節参照）の一般的性質に起因する現象であると言えるであろう。

　いっぽう，受け身表現が許されるかどうかの観点から見た観察結果については，次のようにまとめることができるであろう。すなわち，encounter と resemble の場合を除くと，この章で取り上げた動詞については，受け身表現は一般的に許されないことになる。上記の二つの動詞の場合も，久野・高見 (2017) の指摘にもあるよう

に，受け身にはなりにくいという一般的性質が見られるものの，特に Rice（1987a）の指摘する誤用論および談話文法にもかかわる要因の観点をも取り入れて言語事実を詳しく観察してみると，いくつか，受け身表現が許されるような場合を指摘することができるという結論を引き出すことができるように思われる。

　以上，話し手を表す me を目的語とする表現および受け身表現が，この章で取り上げた動詞の場合にどの程度見られるかの観点から得られた結果を基に，本書の第 1-2 章および千葉（2022）において考察した動詞 meet についての同じような観点からの考察結果を振り返ってみると，meet について説明した事柄が，単にその動詞の持つ特殊な性質としてではなく，他の相互動詞の場合にも部分的ながら当てはまるような，もう少し一般的な特徴をすでに問題にしていたことがわかる。すなわち，本書における相互動詞に関するエンパシー制約および受け身文の研究と千葉（2022）におけるものとを合体させることにより，より幅広く相互動詞の持つ特徴を捉えることができるように思う。

　以上のような理由により，千葉（2022）の「はしがき」で述べた「まだ十分熟した形になっていない部分もありながらも」これを公にしたいとの告白は，本書により，足りない部分をいくぶんとも補足できたのではないかという思いに変わりつつある。とは言え，まだまだ不完全な部分や未解決の問題などが残されていることは明らかなので，今後さらなる研究が生まれることを期待したい。

第 4 章

データベース検索の落とし穴

4.1. はじめに

筆者は英語学英米文学科の学部生・大学院生時代の英語の学習・研究を通して，OED のありがたさは十分感じていた。さらに，近頃は OED Online の Advanced search 機能を利用することにより，OED に含まれているすべての引用例文を対象として検索することができるので，OED をデータベースとしても利用できるというありがたさが付け加わった感じがする。その一面，OED を含むデータベースの検索には思わぬ落とし穴が潜んでいることがあるので注意しなければいけないと自分に言い聞かせている。そのような落とし穴にはまりそうになった経験の中から，二つの事例を紹介してみたい。

4.2. OED Online 検索に関して

一つ目の事例は，千葉 (2022) を執筆するために OED Online を検索中にヒットした引用例の一つについてである。すなわち，Kuno and Kaburaki (1977)，Kuno (1987)，久野・高見 (2017) などに見られる「エンパシー制約」の働きにより，談話の流れの中で，それまで話題にしていた人物 (e.g. she, he) や発話者自身 (I) を「〜と偶然出会う」の意味の動詞 meet の目的語とし，新たに登場する第三者としての人物 (e.g. an old woman, a tall gentleman) を主語とするような文，たとえば，*A merry London mayor met me/her/him in the street. は，語用論的に不自然な文となることが説明できる。ただし，これは現代英語や，それに相当する現代日本語などに当てはまる言語事実である。比較的古い時代の英語や日本語においては，上記のようなエンパシー制約が当てはまらない用法が見られるという事実がある。そのことについては，上記の拙著

第4章 データベース検索の落とし穴　　173

および本書の他の章の中で具体例をあげて解説したとおりである。

　そのようなエンパシー制約違反の例を調べている中で，OED Online 検索により次のような例文に巡り合うこととなった。

　(1)　1595 A. Copley *Wits Fittes & Fancies* iv. 113　A merrie Recorder of London .. met him .. in the street going to dinner to the Lord Maior … The dinnerly officer was so hastie on his way, that he refus'd to heare him.

　　　[recorder:（下級裁判所などの）判事，記録係，登記官；dinnerly: (adj.) 晩餐会に招かれた]

　例文 (1) の下線部は，いかにも，エンパシー制約違反の不自然な例として上にあげた *A merry London mayor met me/her/him in the street と同類の文のように思われる。すなわち，おそらく前の文脈にすでに登場しているはずの主人公 him が，a merrie Recorder（陽気な判事），すなわち，この場面に新しく登場し，ロンドン市長の晩餐会に招かれて道半ばの a merrie Recorder，に通りでばったり出会う場面を描写している文ではないか。したがって，筆者の求めているエンパシー制約違反の例文の一つと言えるのではないかと，正直言って，半ば心躍らせたものであった。ただ，going to dinner to the Lord Maior（＝Lord Mayor）の部分の going の主語は誰か，A merrie Recorder of London だろうか，それとも him だろうか，ということが気にかかる。また，後ろに続く文脈では，先の met him として登場する人物 him と同人物らしき人が heare him（＝hear him）の形で，ここにも現れている。だとすると，A merrie Recorder of London なる人物は，この The dinnerly officer のことを言っているのかもしれない。結局，描写されている状況が今ひとつはっきりしないと思われる。そこで，ここでは省略記号 (..) で示されている省略部分が引用元の原文ではどうなってい

るかを確かめるため，原文にあたってみたところ，以外にも，問題
の全文は下記例文 (2) のようなものであることが判明した。

(2) A Gent. of her Majesties priuie-chamber comming to a
merrie Recorder of London, about some state-affaire,
met him by chance in the street going to dinner to the
Lord Maior, and proffered to deliuer him his encharge.
But the dinnerly Officer was so hastie on his way, that
he refus'd to heare him, posting him ouer to an other
season:

念のため，この英文の日本語試訳をあげると，千葉 (2022: 92) に
も示したように，(3) のようなものになるであろう。

(3) 女王私室付けの一人の侍従が，国事に関する用事のため，
陽気なロンドン判事のところにやってくる途中，ロンドン
市長の晩餐会へと向かうその判事に，たまたま通りで出会
い，命令書を出してほしい旨伝えた。しかしながら，晩餐
会に招かれたその判事はとても急いでいたので，彼の訴え
を聞くのを断り，別の法廷時期を割り当てようとするの
だった。

　なんだ，これなら，OED Online に引用されていた (1) の下線
部の文は私の求めていたものではないではないか。すなわち，正し
くは，him は a merrie Recorder であると同時に the dinnerly Of-
ficer であり，その彼に通りでばったり会ったのは，重要な業務の
ため彼のところにやってくる途中の A Gent. of her Majesties pri-
uie-chamber であるという筋書きであることが理解できる。筆者は，
正直言って，がっかりしたものであった。
　ここで注意したいのは，千葉 (2022: 93) において解説したよう

に，「met の目的語のこの him は，A Gent. of her Majesties priuie-chamber が登場する以前にすでに話題になっていた既出人物を指すのではなく，その Gent. と同時に新たにこの場面に登場するもう一人別の第三者，すなわち，a merrie Recorder of London を指しているという事実」である。したがって，(2) の問題の箇所，"A Gent. of her Majesties priuie-chamber comming to a merrie Recorder of London, about some state-affaire, met him by chance in the street" における代名詞 him は a merrie Recorder of London を指すことになるので，この箇所は，実質的に "A girl met a boy in the street." のような文，すなわち，動詞 met の主語と目的語がともにこの場面に新たに登場する第三者を表すような文，に相当するとみなすことができるであろう。類似の文の例として，次のような例文 (4a, b)（千葉 (2022: 21) より）をあげることができる。

(4) a. A prosecutor says a Manitoba man on trial for killing a young Indigenous woman met her on popular online dating site.　　　(Thompson Citizen, 2 May 2019; NOW)
（検察側の申し立てによると，ある若い先住民の女殺害のかどで裁判にかけられているマニトバ出身の男は，オンライン上で人気のあるデート用サイトでその女に出会ったことになっている）

b. Nearly three months after giving birth while in a coma with Covid-19, a Wisconsin woman met her newborn child for the first time last week.
　　　(NBC News, 3 Feb. 2021)
（コロナ感染症で昏睡状態に陥ったときに出産してから 3 ヶ月近くが経過した後，そのウィスコンシンの女性は，先週，初めて新生児と対面した）

それにしても，OED Online のこの引用の仕方は，一般読者を惑わす不親切なところがあると言わざるを得ない。確かに，OED Online では，省略部分があるということを ".." の符号で「正しく」表示しているので，その限りにおいては，OED Online に落ち度はないとも言えるかもしれない。ただし，原文では，"A Gent. of her Majesties priuie-chamber comming to a merrie Recorder of London" となっていて，comming で始まる従属節の一部をなすはずの，下線部の名詞句 a merrie Recorder of London を，OED Online では，それがあたかも主節の書き出し部分の名詞句であるかのように，断りなしに大文字で書き始めるという誤った引用の仕方をしているという点において，OED Online のこの引用の仕方には問題が残ると言えるであろう。

大量のデータを検索・処理する作業を要する言語研究の場合は，上で指摘したような事例は，うっかりすると見過ごされて，素通りされてしまう可能性がある。すなわち，与えられた引用例を表面的に眺めるだけで，意味内容を十分吟味しないでいると，自分の求めている語句ないし表現を含んだ該当例の一つとして受け入れてしまう恐れがある。上の例は，たまたま日本語訳を併記する必要性から原文チェックを思いついたことにより，間違った判断をしなくてすんだというエピソードと言えよう。

OED に見られる，厳密な引用の仕方の点で問題となりそうな例をもう一つだけあげてみよう。それは，3.4 節に引用した (23d) の例文に関してである。その例文を下に (5) として再録してみよう。

(5) She married me to advance herself in Army circles, and have better contacts for what she considered ....

　　　　(E. Hemingway, *Across River & into Trees*, 1950; OED)
　　　　(彼女が私と結婚したのは，軍隊仲間内での自分の地位を高める

ためでもあり，また，彼女が … だとみなしていた事柄における
連絡をとりよくするためでもあった）

これは，OED, s.v. *advance* v に引用されている例文であるが，
Hemingway による原作の中の次のような箇所を引用したものであ
る。

(6) 'No. She is too conceited ever to be sad, and she mar-
ried me to advance herself in Army circles, and have
better contacts for what she considered her profession,
or her art. She was a journalist.'

すなわち，原文で "and she married me …." となっているところ
を "She married me …." のような形で引用していることがわか
る。アカデミックな論文や専門書の中での（直接）引用の場合であ
れば，"[S]he married me …." のように，原文では小文字となって
いるところを大文字に変えて引用していることを，[ ] の記号を用
いて明示することが求められている。ただし，ここでもまた，標準
的スタイルシートに示されている引用方式に従うのは，辞書に掲載
する例文表示の場合にはかえって煩雑になるという配慮がなされた
せいであろうか，原文を断り無しで改変した形で引用していること
に注意したい。

　以上の事柄に密接に関連するのは，以下に引用する堀田 (2010)
による解説である。参考になると思うので，ここに掲載しておきた
い (Hoffmann とあるのは，Hoffmann (2004) のことである)。

　　OED（2nd ed. CD-ROM）を歴史英語コーパスとして用い
　　るという発想は特に電子版が出版されてから広く共有されて
　　きた．実際に多くの研究で *OED* がコーパスとして活用され
　　ている．しかし，そもそもがコーパスとして編まれたわけで

はない *OED* 中の用例の集合をコーパスとみなして研究することは，どれくらい妥当なのだろうか．研究の道具について知ることは研究自身と同じくらい重要だと思われるので，このテーマに関連する Hoffmann の論文から要点をまとめてみたい．[...] Hoffmann は *OED* の用例の集合をコーパスとして用いることができるかという疑問に対して，4 つの観点からアプローチしている．各観点と，対応する Hoffmann の結論を要約する．

そのうちの三つ目の観点は次のようにまとめられていて，上記の筆者による指摘と関連が深いと思われるので，さらに引用しておきたい。

(3) Reliability of the data format
文中の一部が省略されているような用例が，平均して 20-25% ほどある．ほとんどの省略では文の構造がいじられていないが，中には不適切な省略で文の構造が変化してしまっている例文もある．節以上の構造を調べるために *OED* を利用する場合には，注意が必要である．　　　　　（下線は筆者）

4.3. COHA 検索に関して

二つ目の事例として，筆者の別の著書『英語の仮定法——仮定法現在を中心に』（開拓社，2013）執筆にまつわるエピソードをあげることにしょう。仮定法現在の用法の特徴の一つに，否定語 not が動詞の前に置かれ，「not＋仮定法動詞」の語順をとるという事実をあげることができる。このような語順の否定文がいつ頃アメリカ英語に登場するようになったかを調べた結果，筆者は概略次のような結論に達している（千葉 (2013: 244)）。

1930 年代以前でも，ごくわずかながら，「not＋仮定法現在動詞」の語順の例が見いだされることが分かる。ただし，この語順を示す大半の例は，1950 年代以降に集中していることも事実なので，このデータコーパスの検索結果からも，「not＋仮定法現在動詞」の語順が次第に広く用いられ始めるのは，1940 年ないし 1950 年代以降であろうと見るのが妥当だと思われる。

上記引用中に見られる「1930 年以前のごくわずかの例」として千葉（2013: 243f.）があげている例の中には，次のような例が含まれている。

(7) 1875 …; possible that you had of the experience, and possible that you <u>not be</u> but an amateur.

(Mark Twain, *Sketches*)

（あなたがそのような経験を積んでいらっしゃって，ずぶの素人ではないということはあり得ることです）

これは，データコーパス The Corpus of Historical American English（COHA）を検索して得られたもので，出典は Mark Twain, *Sketches New and Old*, 1875 である。この部分だけを見た限りでは，二つ目の形容詞 possible が引き金となって，その補文としての that 節の中の動詞として仮定法現在が選ばれ，しかも，「not＋仮定法現在動詞」の語順を持った該当例であるように思われる。ただし，仮定法現在の引き金となる形容詞は，たとえば advisable, anxious, compulsory, crucial, necessary などかなりの数あげることができる（千葉（2013: 22f.）参照）が，possible を用いた例はきわめて珍しいように思われたので，念のため，原文をチェックしてみることとした。その結果，これまた意外なことがわかった

のである。米文学についての知識の貧弱な筆者が、そのときはじめて気づいた興味深い事実を千葉（2013: 243, fn. 23）より引用してみよう。

> (21b)［＝上記例文 (7)］の例文は、Mark Twain, "The Celebrated Jumping Frog of Calaveras County" (1867) の仏訳を基に、彼自身が、フランス語の文法構造や表現法をそのまま取り入れる形で、再び英語に戻して訳したものの中に見られる英文である。フランス語臭の強い不自然な英語になっているので、この例文も (21a) と同様、ここでは、本当の意味での該当例としては除外するのが望ましいであろう。ちなみに、Mark Twain による原典英語版では、(21b) に相当する箇所の英文は以下のようになっていて、
>
>> "… you don't understand 'em; maybe you've had experience, and maybe You ain't only a [sic] amature, as it were."
>
> 明らかに、仮定法節［＝仮定法現在動詞からなる従属節］の構文とは異なる表現になっていることが分かる。

上記引用文の中の「例文 (21a)」とあるのは、下記 (8) としてここに再録する例文のことで、上記例文 (7) と同じく、データコーパス COHA 検索により得られたものである。

(8) 1840 … for Dinah go to bed when they leib [= leave] her all alone, so that she not see the spook.

(*Greyslaer, A Romance*)

（だって、みんな、おら（ダイナ）をひとり残して行っちまったので、お化けに会わないように、おら寝ちまおうとしてたもんで…）

この例文も，一見，当時，筆者が探していた仮定法現在関連の例文の一つのように思われたのであるが，原点にあたって調べてみると，次に引用するようなこと（千葉 (2013: 243, fn. 23)）がわかるので，上記の引用文にあるように，「本当の意味での該当例としては除外するのが望ましいであろう」ということになる。

> この例文は，Charles Fenno Hoffman, *Greyslaer: A Romance of the Mohawk*, Vol. 2, p. 185 (New York: Harper & Brothers, 1840) からのものである。ここでは，黒人女奴隷の Dinah が若きご主人の Greyslaer に向かって話している台詞となっている。 問題のこの英語表現は表面的には仮定法節と同じ格好になっているが，当時の黒人英語方言を表したものであり，仮定法現在動詞を用いた例でない可能性があるので [Chiba (1987: 42f.) および千葉 (2013: 85ff.) 参照]，したがって，ほかの例文と同じように取り扱うことはできないかも知れない。

この場合もまた，「部分的に腑に落ちない点（不安な点）があるので，念のため原点にあたって調べてみよう」という態度が功を奏した結果，データに潜む真の姿に迫ることができ，あやうく落とし穴にはまる危険性を脱することができたことを物語るエピソードと捉えることができるであろう。

4.4. まとめ

ここに紹介した筆者自身にまつわるエピソードは，いずれも，問題となる特定の語句や表現が用いられている例文を拾い集めるという目的——これは，私たちが日頃データ検索をするときに普通に掲げる目的の一つであろうと思われる——に従って，大量のデータを

検索するときには，少なくとも，統計的情報を得ようとしてデータ
検索をするようなときには，ややもすると陥りやすい盲点であると
言えるかもしれない。

　蛇足ながら，自分の経験を交えて一言補うとすれば，もし，少々
難解かもしれない英語の例文に接することになる一般読者の便宜を
図ることをまず第一と考える賢明なる出版社や編集者から，「ご面
倒ながら，日本語訳をつけてほしい」という依頼を受けたような場
合には，その要求を面倒がらずに素直に受け入れて，該当例文に今
一度じっくり向き合ってみるという姿勢こそが，自分の原稿・論文
の刊行を考える著者自身のためにもなるように思われる。

参 考 文 献

Bjorkman, Bronwyn and Elizabeth Cowper (2015) "Where *There* Is, and Why," *Proceedings of the 2015 Annual Meeting of the Canadian Linguistic Association*, ed. by Santa Venerte, 1–15, Canadian Linguistic Association, Toronto. Available at acl.ca / actes-2015-proceedings / .

Bolinger, Dwight (1975) "On the Passive in English," *LACUS* 1, 57–80.

Chiba, Shuji (1987) *Present Subjunctives in Present-Day English*, Shinozaki Shorin, Tokyo.

千葉修司 (2013)『英語の仮定法 ── 仮定法現在を中心に』開拓社, 東京.

千葉修司 (2021)『学習英文法拡充ファイル』開拓社, 東京.

千葉修司 (2022)『エンパシー制約にみられる言語変化と語用論 ── 日本語古典から現代英語まで』(開拓社言語・文化選書 95), 開拓社, 東京.

Chomsky, Noam (1957) *Syntactic Structures*, Mouton, The Hague.

Chomsky, Noam (1977) *Essays on Form and Interpretation*, North-Holland, New York.

Chomsky, Noam (1980) *Rules and Representations*, Columbia University Press, New York.

Chomsky, Noam (2005) "Three Factors in Language Design," *Linguistic Inquiry* 36, 1–22.

チョムスキー, ノーム (著), 福井直樹・辻村美保子 (訳) (2015)『我々はどのような生き物なのか ソフィア・レクチャーズ』岩波書店, 東京.

Chomsky, Noam (2020) "The UCLA Lectures" (with an introduction by Robert Freidin), Unpublished, lingbuzz / 0054485.

Chomsky, Noam (2021) "Minimalism: Where Are We Now, and Where Can We Hope to Go,"『言語研究』(*Gengo Kenkyu*) 160, 1–41.

Couper-Kuhlen, Elizabeth (1979) *The Prepositional Passive in English: A Semantic-Syntactic Analysis, with a Lexicon of Prepositional Verbs*, Max Niemeyer Verlag, Tübingen.

Cowan, Ron (2008) *The Teacher's Grammar of English with Answers: A Course Book*, Cambridge University Press, Cambridge.

Cowper, Elizabeth, B. Bjorkman, D. C. Hall, R. Tollan and N. Banerjee (2019) "Illusions of Transitive Expletives in Middle English," *The Journal of Comparative Germanic Linguistics* 22, 211-246.

Deal, Amy Rose (2009) "The Origin and Content of Expletives: Evidence from 'Selection'," *Syntax* 12, 285-323.

Fillmore, Charles (1970) "Subject, Speakers, and Roles," *Synthese* 21, 251-274. [Also in Donald Davidson and Gilbert Harman, eds. (1972) *Semantics of Natural Language*, 1-24, Reidel, Dordrecht.]

Fridén, Georg (1948) *Studies on the Tenses of the English Verb from Chaucer to Shakespeare: With Special Reference to the Late Sixteenth Century*, Almqvist & Wiksells Boktryckeri, Uppsala.

Halliday, Michael A. K. (1967) "Notes on Transitivity and Theme in English," Part 1, *Journal of Linguistics* 3, 37-81.

林龍次郎 (1991)「英語の受動態に関する制約」『聖心女子大学論叢』78, 242-226.

Hoffmann, Sebastian (2004) "Using the OED quotations database as a Corpus—A Linguistic Appraisal," *ICAME Journal* 28, 17-30. Available online at http://icame.uib.no/ij28/index.html.

Hopper, Paul and Sandra Thompson (1980) "Transitivity in Grammar and Discourse," *Language* 56, 251-299.

Hosaka, Michio (2016) "Two Aspects of Syntactic Evolution," *Advances in Biolinguistics: The Human Language Faculty and Its Biological Basis*, ed. by Koji Fujita and Cedric Boeckx, 198-213, Routledge, New York.

保坂道雄 (2022)「理論をつなぐ架け橋を求めて —— 進化言語学の窓から見る新たなことばの世界 ——」,『ことばの謎に挑む —— 高見健一教授に捧げる論文集』, 平田一郎・行田勇・保坂道雄・江連和章 (編), 282-293, 開拓社, 東京.

堀田隆一 (2010)「OED の引用データをコーパスとして使えるか」hellog~ 英語史ブログ #531 (2010-10-10)<http://user.keio.ac.jp/~rhotta/hellog/2010-10-10-1.html>

岩本弘道 (1992)「受動文の例外における規則性について」『神奈川工科大学研究報告』A-16, 93-113.

神尾昭雄 (1990)『情報のなわ張り理論 —— 言語の機能的分析 ——』大修館書

店，東京．

小松英雄 (2010)『伊勢物語の表現を掘り起こす』笠間書院，東京．

小西友七 (編) (1980)『英語基本動詞辞典』研究社出版，東京．

久野暲 (1973)『日本文法研究』大修館書店，東京．

久野暲 (1978)『談話の文法』大修館書店，東京．

Kuno, Susumu (1987) *Functional Syntax: Anaphora, Discourse and Empathy*, University of Chicago Press, Chicago.

Kuno, Susumu and Etsuko Kaburaki (1977) "Empathy and Syntax," *Linguistic Inquiry* 8, 627-672.

久野暲・高見健一 (2017)『謎解きの英文法　動詞』くろしお出版，東京．

Lakoff, George and Stanley Peters (1969) "Phrasal Conjunction and Symmetric Predicates," *Modern Studies in English: Readings in Transformational Grammar,* ed. by David A. Reibel and Sanford A. Schane, 113-142, Prentice-Hall, Englewood Cliffs, NJ.

Levin, Beth (1993) *English Verb Classes and Alternations: A Preliminary Investigation,* University of Chicago Press, Chicago and London.

Levin, Beth and M. Rappaport Hovav (1995) *Unaccusativity: At the Syntax-Lexical Semantics Interface*, MIT Press, Cambridge, MA.

松岡弘 (監修)，庵功雄ほか (著) (2000)『初級を教える人のための日本語文法ハンドブック』スリーエーネットワーク，東京．

Milsark, G. L. (1974) *Existential Sentences in English*, Doctoral dissertation, MIT. [Published by Garland, 1979].

モネイン多津子 (1984)「談話文法分析の教授法への応用」『言語』13(2)，114-122.

森野宗明 (校注・現代語訳) (1972)『伊勢物語』(講談社文庫)，講談社，東京．

中島平三 (2016)『島の眺望――補文標識選択と島の制約と受動化――』研究社，東京．

中村捷・金子義明 (編) (2002)『英語の主要構文』研究社，東京．

Palmer, F. R. (1988) *The English Verb*, 2nd ed., Routledge, Oxford and New York.

Perlmutter, David M. (1978) "Impersonal Passives and the Unaccusative Hypothesis," *Proceedings of the Fourth Annual Meeting of the Berkeley Linguistics Society*, 157-189.

Quirk, Randolph, Sydney Greenbaum, Geoffrey Leech and Jan Svartvik (1985) *A Comprehensive Grammar of the English Language*, Longman, London.

Radford, Andrew (2009) *Analysing English Sentences: A Minimalist Approach*, Cambridge University Press, Cambridge.

Rice, Sally (1987a) *Towards a Cognitive Model of Transitivity*, Doctoral dissertation, University of California, San Diego.

Rice, Sally (1987b) "Toward a Transitive Prototype: Evidence from Atypical English Passives," *Proceedings of the Thirteenth Annual Meeting of the Berkeley Linguistics Society*, 422-434.

高見健一 (1995)『機能的構文論による日英語比較――受身文，後置文の分析』くろしお出版，東京.

高見健一 (2011)『受身と使役――その意味規則を探る』(開拓社言語・文化選書 25)，開拓社，東京.

高見健一・久野暲 (2002)『日英語の自動詞構文』研究社，東京.

高見健一・久野暲 (2014)『日本語構文の意味と機能を探る』くろしお出版，東京.

Taylor, John R., ed. (2015) *The Oxford Handbook of the Word*, Oxford University Press, Oxford.

柳田征司 (1992)「『『修業者あひたり』型表現の来由」『文化言語学――その提言と建設』，文化言語学編集委員会 (編)，205-220，三省堂，東京.

柳田征司 (2011)『日本語の歴史 2――意志・無意志』武蔵野書院，東京.

安井稔・秋山怜・中村捷 (1976)『現代の英文法 7：形容詞』研究社，東京.

索　引

1. 日本語は五十音順に並べた。英語（で始まるもの）はアルファ
　 ベット順で，最後に一括した。
2. ～は直前の見出し語を代用する。
3. 数字はページ数を示す。n は脚注を表す。

[あ]

相手の言ったことに修正を加える
　 形の文　12
相矛盾するエンパシー焦点の禁止
　 34
穴埋め　11
阿部次郎　90
アメリカ英語　178

[い]

言い切りの形　3, 13
イギリス英語　43
一人称　22
一方向的性質　155
意味的制約　vii
意図的（制約）違反　11, 26
伊勢物語　4
意味的構文　123
意味（的）情報　24
意味特徴　157
意味論的二元性　24
意味役割　24

意味用法　166
嫌な予感　115
インターネット辞書　58
インド英語　42, 136
引用の仕方　176

[う]

ヴィクトリア朝期の英米小説　115
受け手の立場　108
受け身
　 ～可能性　153
　 ～形　46, 54, 60
　 ～構文　62
　 ～表現　133, 135
　 ～用法　61
　 被害の～　87, 89
受け身文　3
　 ～の状態変化制約　68
　 ～の適格条件　96
　 ～の特徴付け制約　68
埋め込み構造　20
埋め込み文　13, 17

187

[え]

影響　68, 69
英語学習者　108
英語母語話者　93, 148, 152
エンパシー　v, 2
　　〜階層　164
　　〜階層関係　144
　　〜研究　4
　　〜制約　v, 2, 130
　　〜制約違反　12, 132, 144, 164,
　　　169
　　〜の中心　3, 9

[お]

同じ型の文　12
重い名詞句　159

[か]

下位項目　54
階層関係　3, 144
外的使役者　142
外的併合　24
格助詞　31
拡張的意味　134
過去分詞形　50
仮定法　v, 154
　　〜現在　178
　　〜現在の引き金　179
〜節　3, 15
〜動詞　178
関係詞節　v, 3, 15, 91

関係代名詞　81
間接話法　131
　　〜節　26
間投詞　54
簡略的表現　91
完了形　31, 54
　　〜用法　56
完了的性質　155

[き]

機械的な受動化　vii
機能的構文論　vi
機能的制約　142
機能（的）文法　28, 36
機能的要素　24
基本的意味　134, 153
義務的規則　86
疑問文　22
旧情報　23
共感度　v, 2
　　〜関係　25n
欽定訳聖書　39

[く]

偶然の出会い　69, 164
句接続の名詞句　21

[け]

経験者　152
敬語法　27
形容詞（句）　54, 56, 179

索引　189

言語現象　27
言語使用者　35
言語心理学的規則　27
言語直観　86
言語（的）知識　25
現在分詞　17
現代英語　6, 53, 57, 84, 86
現代日本語　4, 35

[こ]

行為者　3, 126, 152
　　〜志向　144, 164
項構造　24
高速機械翻訳　112
後続文脈　81
肯定文　154
構文法（的）規則　27
構文法的理由　26
語義　46, 51, 54
黒人英語方言　181
古語　53
語順　178
語用論　6, 153
　　〜的規制　32, 169
　　〜的機能　36
　　〜的言語能力　25
　　〜的制約　vi
コンテクスト　143

[さ]

三人称　23, 153

[し]

シェイクスピア　39
使役用法　87
自己制御可能　144, 164
事象　155
視点
　　〜関係　34n
　　〜制約　2, 33
　　〜の一貫性　34n
　　〜表現　26
　　自分の〜　2
　　主語寄りの〜　10
　　他人寄りの〜　2, 9
自動詞　55
　　〜用法　50, 61
集合体　31n
集合名詞　31n
従属節　17, 61n
主格　33
「修行者会ひたり」型表現　23, 32, 41
主語
　　〜志向動詞　2n
　　〜指示物　68
　　〜節　13
　　一人称〜　22
　　三人称〜　23
　　二人称〜　23
主節　20
主題性　10
述語　56
主導権　108
受動態　→　受け身

授与動詞　10n

準行為者　126, 152

条件節　3, 15

焦点　164

初期近代英語　56

叙述語的用法　52

叙想法　154

省略　176

　〜規則　85

所格　31

進化言語学　29n

新・旧情報　23

新情報　23, 32, 159

深層解釈　24

深層構造　21

心理状態　152

心理的圧迫　69

心理文　22

[す]

数量詞　158

[せ]

生成過程　20, 21, 24

生成文法　28

　〜的文法観　35

　〜的方法論　36

制約違反

　意図的〜　11

接触点　31

先行文脈　20, 80

[そ]

相　154

　完了〜　154

　未完了〜　154

相互動詞　2, 10

総称的事柄　153

総称的参与者　158

存在文　→ there 構文

[た]

第三者　3, 175

対称的性質　155

対話　11

他動詞　55

　〜性　21n, 153

他人寄りの視点　→ 視点

単純現在形　153

単数名詞句　85

単独動詞　53

談話　2

　〜主題の視点制約　2, 33

　〜の流れ　21

　〜部門　26, 28

　〜文法　28, 153

　〜法規則　25

　〜法規則違反のペナルティー
　　12

　〜法的要因　27

[ち]

チェック機能　vi, 24

索　引　　191

知覚能力　27
中英語　6, 56
中核部　36
直説法　61n, 154
直接話法　19, 132
チョムスキー　24

[て]

定名詞句　153
データ検索　176
データコーパス　179
データベース　53, 57, 172
出来事　v, 2

[と]

問い返し疑問　12
等位項　17
等位構造　17, 93
同格名詞句　159
統語（的）構造　54
統語的構文　123
到達点　31
動名詞　17
ト書き　64
ト格　109
特徴付け制約　142
独立した文　→　独立文
独立文　4, 13, 14, 17, 20, 42
　　〜的形式　20

[な]

内的併合　24
夏目漱石　90

[に]

ニ格　109
　　〜補語　4
二項対立的特性　155
日英語　4
二人称　23
日本語（の）古典　4, 6, 168

[の]

能動態　58, 74

[は]

ハイアラーキー　→　階層関係
廃語　51
端特性　24
場所　31
発話当事者　10n
　　〜の視点制約　2, 33
話し手　2
嵌め込まれた形の表現　13
嵌め込み構造　20
嵌め込み文　13

[ひ]

非意図的違反　26

非意図的なエンパシー制約違反
　12
非意図的表現形態　11
非制限用法　92, 137
非対格
　〜的構造　20
　〜的分析　37
　〜動詞　21, 29, 57
非対称性　157
非対称的性質　155
否定語　178
否定文　154, 178
非能格動詞　57
比喩的表現　36
表層解釈　24
表層構造　21
表層文　20
品詞　54

[ふ]

複合名詞句　21
副詞句　73, 91
複数形主語　61n
複数名詞句　61
物理学　88
不定詞　94
不定名詞句　143
フランス語　180
文化的背景　25n
文構造　12
文体的理由　159
文法性　25
文法体系　25

文法的規制　169
文法的言語能力　25
文法理論　25

[へ]

変換部門　26
変換文法　26

[ほ]

補部　20, 24, 31

[み]

未完了的性質　155

[め]

名詞句　31

[も]

目的語　31, 169, 175
物語展開　80

[ゆ]

優位関係　25n

[よ]

要素の移動　24
容認度　166

[る]

類似の基準　147, 150

　～制約　150

[れ]

歴史的（言語）変化　37

[ろ]

論理的関係　35

論理的矛盾　34n

[わ]

話題　6, 33, 63

　～の中心　139, 164

[を]

ヲ格　35

[英語]

Advanced search　17, 57, 172

agent(ive)　→　行為者

AI 翻訳　112

argument structure　→　項構造

asymmetrical　→　非対称的

Aspect　→　相

be 動詞による完了形　31

British National Corpus（BNC）
6

by 句　3, 126

by-phrase　→　by 句

Chaucer　38

Complement　→　補部

Corpus of Contemporary American English（COCA）　15

Corpus of Historical American English（COHA）　6, 179

corrective sentence　→　相手の言ったことに修正を加える形の文

deep interpretation　→　深層解釈

definite NP　→　定名詞句

discourse　→　談話

displacement　→　要素の移動

duality of semantics interpretation　→　意味論的二元性

edge properties　→　端特性

empathy　→　エンパシー

encounter　130

event　→　事象, 出来事

experiencer　→　経験者

external MERGE　→　外的併合

functional categories　→　機能的要素

generic participants　→　総称的参与者

grammatical competence　→　文法的言語能力

heavy NP　→　重い名詞句

if met　65, 84

if 節　61n

Indefinite Noun Phrase　→　不定名詞句

internal MERGE → 内的併合

irrealis → 叙想法

King James Version (KJV) → 欽定訳聖書

linguistic knowledge → 言語的知識

locative → 所格

Mark Twain 180

meet halfway 120

MODE 154

new information → 新情報

News on the Web (NOW) 6

Obsolete → 廃語

OED Online 17, 172

OED, 2nd ed. 47

parrot question → 問い返し疑問

pragmatic competence → 語用論的言語能力

reciprocal verb → 相互動詞

Shakespeare → シェイクスピア

subject-centered verb → 主語志向動詞

surface interpretation → 表層解釈

there 構文 29, 30, 31n
　動詞句外～ 32n
　動詞句内～ 32n

θ role → 意味役割

the same sentence pattern → 同じ型の文

topic → 話題

transitivity → 他動詞性

unaccusative verb → 非対格動詞

unergative verb → 非能格動詞

unilaterally directed → 一方向的

well met 46

when 節 61n

when met 84

Wiktionary 58

千葉　修司（ちば　しゅうじ）

1942 年福井県生まれ。1965 年東京教育大学文学部（英語学専攻）卒業。1968 年同大学大学院修士課程（英語学専攻）修了。1970 年同大学大学院博士課程（英語学専攻）中退。大妻女子大学専任講師，津田塾大学教授を経て，現在，津田塾大学名誉教授。

主な著書・論文：*Present Subjunctives in Present-Day English*（篠崎書林，1987），"On Some Aspects of Multiple Wh Questions"（*Studies in English Linguistics* 5, 1977），"Non-localizable Contextual Features: Present Subjunctive in English"（H. Nakajima (ed.), *Current English Linguistics in Japan*, Mouton de Gruyter, 1991），"Licensing Conditions for Sentence Adverbials in English and Japanese"（S. Chiba et al. (eds.), *Empirical and Theoretical Investigations into Language*，開拓社，2003），『英語の仮定法 —— 仮定法現在を中心に』（開拓社，2013），『英語の時制の一致 —— 時制の一致と「仮定法の伝播」』（開拓社，2018），『英語 tough 構文の研究』（開拓社，2019），『学習英文法拡充ファイル』，『英文を正しく理解するための学習英文法のコツ』（以上，開拓社，2021），『エンパシー制約にみられる言語変化と語用論 —— 日本語古典から現代英語まで ——』（開拓社，2022）など。

エンパシー制約と
英語の相互動詞の用法　　　　　　　＜開拓社　言語・文化選書 105＞

2024 年 11 月 14 日　　第 1 版第 1 刷発行

著作者　　千 葉 修 司
発行者　　武 村 哲 司
印刷所　　日之出印刷株式会社

　　　　　　　　　　　　　　　　〒112-0003 東京都文京区春日 2-13-1
発行所　　株式会社　開 拓 社　　電話　（03）6801-5651（代表）
　　　　　　　　　　　　　　　　振替　00160-8-39587
　　　　　　　　　　　　　　　　https://www.kaitakusha.co.jp

© 2024 Shuji Chiba　　　　　　　　　ISBN978-4-7589-2605-8　C1380

JCOPY ＜出版者著作権管理機構　委託出版物＞
本書の無断複製は著作権法上での例外を除き禁じられています。複製される場合は，そのつど事前に，出版者著作権管理機構（電話 03-5244-5088，FAX 03-5244-5089，e-mail: info@jcopy.or.jp）の許諾を受けてください。